頭角をあらわす男70の流儀

43年間、50万人の男たちを
見てきた博多・中洲のカリスマ・ママが教える

藤堂和子

KK ロングセラーズ

まえがき

九州一の歓楽街 福岡「中洲」。今の若い皆さんにとっては、あまり馴染み深い場所ではないかもしれません。もしくは、〝中洲〟といえば、最近はグルメの街、屋台の街というイメージのほうが強いでしょうか。

私は、博多に生まれ育ち、一九七一年に航空スタンドバー『リンドバーグ』を引き継いだ後、一九九四年に会員制クラブ『ロイヤルボックス』の経営を引き受けてからの四〇年を超える間、ママであり経営者として、また、『LB中洲通信』という小冊子の編集長を勤めて三〇年になる藤堂和子と申します。

最近は、「とうどうかずこ」というより、『ジャンケンママ』というほうがご存知の方も多いかもしれません。お客様とのじゃんけん勝負はおよそ九九%の確率で勝ちます！（でも、わざと負けることもできるんですよ）

某有名アイドルグループのセンター決定が〝ジャンケン〟になったことで、彼女たちへのエールを込めて、公式のお守りの台紙に私の写真が使われたことは、もう、少し前のことです。

話は逸れましたが、私の祖母、母、私、と親子三代にわたってお客様商売に携わってまいりました。同じ店を三代にわたり、大切に継いでいくことはよく耳にすると思いますが、私たち三人は、それぞれが、それぞれ別の店で、それぞれのやり方で「ママ稼業」を続けてきたという、稀なケースかもしれません。よほど商売の神様に好かれているDNAを持った家系だと今では感謝しています。

特に、祖母と私はこの仕事が大好きで、何度生まれ変わっても、この世界に身を置きたい、と考えているほど天職だと思っています。

私は、多いときで一日に一〇〇名以上のお客様とお会いします。一晩で店に勤める女性は六〇名前後、黒服の男性スタッフやマネージャーを加えると七〇～八〇名ほどになります。もちろん、紆余曲折ありながらも楽しくここまで来られたことは、ひとえにお客様のお蔭ですが、その他に私に付き合ってくれている多くのスタッフに恵まれていたからにほかなりません。

そんな多くの愛すべきお客様とスタッフに支えられながら今日までまいりましたが、「支店文化」といわれる博多にあって、企業戦士はもちろん、政財界、経済界、角界、文化界、芸能界、スポーツ界など、様々なジャンルで活躍される方々が中洲へ立ち寄り、通い、通り過ぎ、それぞれの場所へと旅立っていかれました。そしてまたお戻りいただいたときにお迎えするため、扉を今も毎日開け続けています。

私は、四〇年以上を過ごした馴染み深いこの場所で、どれだけ多くのお客様にお会いしてきたことでしょう。

お客様の多くは、高いお酒と短い時間を楽しみ、華やかで賑わいのあるアフターファイブを満喫されますが、ときとして今後の何かを示唆する大切な出会いや、厳しい大人の駆け引き、身震いするような大きな決断の瞬間に立ち会わせていただくこともありました。

昭和を代表するようなクセのある骨太な人物から、世界で活躍する方々、今や

〝ゆとり〟で〝草食男子〟なんて十把一からげにされる平成の時代にあっても、目の奥がキラリと光り、どこかヒリヒリするような、記憶に残る一流の男たちが数多く存在しています。

そして、その短くて深い、広くて浅いこの夜の時間をさまざまなジャンルの方々と過ごした日々の中で、ビジネスチャンスや生き様を拝見してまいりました。

私が身を置くこの世界も、大変厳しい世界であることには変わりありませんが、ここまで進んでくることができました。

二〇一〇年秋には「中洲通信三〇周年『親子三代ママ稼業』刊行記念パーティ」を開催。帝国ホテル東京〝孔雀の間〟にて全国から財界人、経済界、角界、有名クリエーター、作家、タレント……など、延べ二四〇〇名を超えるお客様にお運びいただくことができました。

その錚々たる顔ぶれについて、帝国ホテルの小林哲也前社長（現・会長）から「久しぶりに帝国ホテルの周辺が混雑して凄かったですよ」とお褒めいただいたことは、大変光栄で、長きにわたって続けてきた仕事の中で、少しだけ自信になっています。

そしてこの度は、これまでのエッセイとは違い、「藤堂ママが見てきた最高の男たちの話」を、また、「藤堂ママの人生エピソードを、現代の世の男たちに向けて語ってください」と、本作の機会をいただきました。

時代がどんなに移り変わろうとも、男性は、「一流」「成功」「一番」というキーワードに心揺さぶられ、追い続けているように思います。

草食男子、弁当男子、イクメン……女性の社会進出にともなって男性の柔軟性がどんどん高くなっていく平成の時代、女性への協力や洗練されていくことは必要だと私は思っています。

それでも、やっぱり男は男らしく、女はより女らしくいてほしい、と声高に言うものが博多にひとりくらい、いてもいいのではないでしょうか。

どんなに女性が強く世の中に貢献し始めていても、草食男子がはびころうとも、社会を震わせる男性たちの活躍が、干物女性に潤いを与えて美しく目覚めさせ、出生率を押し上げ、ひいては国や経済が元気になっていくものだと信じています。

そんな私が出会った様々な力を持った「デキる男たち」とは何なのか、私の四五年におよぶ中洲人生での経験と実際のエピソードをもとにつづってまいります。
成功したい
出世したい
もっと仕事ができるようになりたい
いい女にモテたい
もっと人脈を持ちたい
かっこよく歳をとりたい
などなど、今よりさらにいい男になりたいと願うすべての男性の方々にとって、本書が、セクシーで一流の男へのステップを踏み出すひとつのきっかけになれば幸いです。

藤堂和子

目次

◆第二章 デキる男の仕事術

◆第三章――モテる男の酒と女の嗜み方

◆第四章──金と運に愛される男

◆第五章―人生を愉しむセクシーな男の生き様

第一章　男の品格と粋なマナー

近頃、「品格」という言葉をよく耳にするようになりました。裏を返せばこういう言葉を具体的に多用することでしか、後世に伝えていくことができなくなってしまった、という時代の変化も浮き彫りになっています。

品位、品格の「位」「格」は「レベル」、「品」は英語で「クオリティ」に該当します。上流階級、社会的階級上層のことを指す言葉でもありますが、ここではあくまで一般常識プラスアルファのたしなみ、といったところでしょうか。

生まれ、育ち、学力、容姿、収入にかかわらず、礼節をもって人に接することを忘れたり、まったく人の意見を聞き入れない狭い世界観では大成しません。

すべてにおいて、これが礎となります。

身だしなみや、挨拶、話し方、聞き方、言葉遣い、姿勢に現れるあなたのクオリティを、人は見ていますし、感じています。

「そんなのできてるよ」と言う方も多いと思いますが、日ごろ数多くの方々と接していると、ほんのちょっとのことが、ビジネスマンとして、また男性として、人としての大切な場面での分かれ道になっていることを肌で感じることがあります。

こうして文字にすると仰々しく感じるかもしれませんが、決して難しいことではなく、ほんの少しの意識と、行動を気にかけるだけで、今後の進む道が大きく良い方向に変わっていくはずです。

ぜひ、謙虚な気持ちで心を開いて読み進めてください。

三秒で想像をかき立てる人

四〇年以上の長きに渡り、たくさんの方にお会いしてきて、職業病とでもいうのでしょうか、第一印象でどういう方なのか大抵わかってしまいます。

アメリカの心理学者・メラビアンの「7‐38‐55の法則」というのがあるそうです。

人の行動が他人にどんな印象を与えるのかを数値に当てはめると、七％がその人の話の内容、三八％が話し方などの聴覚の情報、そして残りの五五％はその人の「見た目」の情報ということです。つまり、それだけ人は最初の「見た目」で印象を与えられることが多いということでしょう。

昔ながらの藤堂ルールでも、お客様がパッとお店に入って来られたときの雰囲気と表情、物腰、そして目でわかります。

「目は口ほどにものを言う」の言葉どおり、目は可能性を語っています。覇気といいますか、オーラを感じるし、目に力のある男性はやっぱり魅力的です。

そして大切なのはスキッとした清潔感です。私のお店であるクラブ『ロイヤルボックス』では、入口からお席までのストロークがあって着席ということになるのですが、歩く姿一つをとっても、第一印象で損をしている人が多いというのが実感です。

一対一で話をすれば、しっかりしている若い男性もたくさんいるのですが、「人に見られる意識」のない人が多すぎます。そして、「他人にはどう思われても平気ですから、気にしません」なんてその若さで堂々と言ってのける人の実に多いこと。でもね、これは意味が違う言葉。これから深みが増す若手ビジネスマンが使う言葉としてはとても残念です。

第一印象がすべてではないけれど、ご挨拶のとき、名刺という紙切れ一枚で、相手にどんな印象を与えられるか。どう覚えてもらうかが今後を大きく左右しますし、人生を変える出会いのチャンスを増やすものでもあるのです。

少しの意識で大きく変わるのです。

次に、初対面の人にどう接するかは簡単。「自分が、どう接待されたら嬉しいか」を考える。あまり慣れ慣れしすぎるのも困るけれど、来るものを拒まないオープンマインドが大切ですね。そこが始まりで、その後何年、何十年と続いていけるか、が決まるのですから。

働く人なら誰だって凄い数の名刺を交換しますが、数日もすれば名刺を交換した人たちの顔も出てこない、なんてことがあるでしょう？

その中で〝生きる名刺〟なんて、ほんの一握り。生きる名刺というのは相手に「利益をもたらす価値ある名刺」ということです。

私の場合、長年の勘が働いて「この人は……」と、何かを感じとれることがあるのですが、それだって一部です。

たかが紙切れ、されど紙切れ、ということでいえばお礼状もひとつ。今はメールや携帯の電子機器で翌日に、または同日別れたすぐ後にお礼を言うことが主流かもしれませんが、本来電話のお礼というのは略式であることを認識してほしいですね。
ほんのひとことでも季節を感じさせる葉書や切手の礼状が後日に届くとドキッとして素敵だな、と思います。そしてそういう方は、筆記用具や手帖にもこだわりがある方が多いものです。男性でもときにはペンを動かしてみるのはいかがでしょう。それが無骨な文字でも、味があるものですよ。

名刺はたかが、そしてされど、紙切れ。それに価値を与えるのは、「人」そのものであることを心得よ。

機転が利く男

道でばったりお会いした方のお名前を忘れること、ありませんか。私たちは仕事柄、お名前を覚えておくことは絶対の職業マナー。どんな業種・業態であろうと仕事上で守らなければならないマナーでもあります。

私の場合、多いときには一晩で五〇名以上の新しい方をご紹介いただき、月に約一〇〇〇名以上の方々とお会いすると「あれ？」と思う一瞬もあります。

また、お客様同士をお引き合わせしたとき、明らかに片方のお客様がお名前を思い出せていないな、という場合もあります。こんなとき、あなたならどんな風に振る舞いますか。

常連の田中様（仮名）が、久しぶりに福岡出張だった際、お連れ様とお越しになりました。取引先の加藤様（仮名）とおっしゃるその方は、以前に一度お見えいただいてから七〜八年が経ち、すっかり貫禄が出て風貌もお変わりになっていました。

本来、すっと「まあ！　加藤さん、お久しぶりです」と出てくるところが、「まぁ〜」と嬉しい声を上げつつも、ほんの一瞬「佐藤？　加藤？　斎藤？」と躊躇してしまって「お二人ともお久しぶりですね」と声をかけたのです。

それを察した田中様は「本当に久しぶり。藤堂ママ、加藤さんに会うのはどれくらいぶりでしたっけ?」と、会話の中にお名前を入れる上品なマナーでさりげなく私に合図を送ってくださいました。

そのサインで私もたくさんの中から一つの引き出しが開き、「八年になるかしらね~、加藤さん、その貫禄、どこでつけてきたの?」……なんて、田中様の絶妙なアシストでこの後の会話が進んだことは言うまでもありません。

この手のさりげないアシストができる方は仕事や他人の些細なことにも心を配れる方。もちろん、この田中様は後に誰もが知る、大企業のトップに上り詰めた方です。

時と場合によりますが「ママ、彼のこと覚えてる?」とか「ほら、彼、久しぶりだろ?」なんて無粋な真似だけは避けたいものですね。さりげないアシストもデキる人には伝わっていますよ。

「名前」ではなく「人」を覚える

近頃、「あの〜ほら、あれがあれで……」なんて言ってしまうのは年齢のせいにしたくないけれど、実感することがあります（笑）。

でも、本来、顔と名前を覚えるのは昔からとても得意。

名前というのは本当に不思議な力があって。名前を呼ばれると嬉しいものですし、親近感がわいてくるもの。それは「私はあなたに興味があります」という証だと、人が知らず知らずのうちに理解しているからでしょう。

逆に、ちっとも相手の名前を覚えられない営業マンはなんとなく信用できないでしょ？　名前そのものを間違うなんてもってのほか。

私たちにとって名前を覚えるのは基本中の基本。お客様の名前は一度覚えたら最低三年間は忘れないように、お店でも指導します。

そこでまずは、顔と名前が一致するまで、繰り返し名前を言いながらお話をしましょう。会話の中で積極的に相手のお名前を入れてアウトプットすることで、自分の中にもお客様の名前と顔がインプットされていきます。

また、交換した名刺をすぐにしまう人がいますが、名前を覚えるまでは名刺をしまわないこと。名前や役職名を間違えることはご法度なので要注意です。この本を読んでくださっているあなたが、プロジェクトの要にいるようなビジネス上級者なら、数年後も名前を憶えていることでチャンスが生まれるといった経験がありませんか?

私が、独身時代によくお邪魔していたブティックの女性に、ある日、道端で呼び止められました。よく買っていたころから七〜八年が経っていたし、藤堂になる前の旧姓「河辺」で呼ばれたものですから、私が声をかけられているなんて思いもよらなかったのです。すると彼女は「○○店でよくお世話になっていた松尾(仮名)です。河辺様、覚えていらっしゃいますか?」と。

「あらぁ、久しぶりね」と言って話が弾むと、彼女は同系列のハイブランドブティックへ移動していることがわかりました。さらに当時の私の好みや当時のエピソードまで覚えてくれているものですからつい嬉しくなって、予定もなかったのに洋服を購入してしまいました。それは高い買い物になったけれど、これも出会いでしょ（笑）。

私のお店でも、お名前だけでなく、お客様の好みのお酒や苦手なおつまみを忘れないように、女の子たちや男性マネージャーと情報を共有します。水割りでなく炭酸割りとか、トマトジュースは塩抜き、ブランデーのおつまみにはピスタチオといったように。

ですから、二度目のご来店のとき、注文を尋ねるのは落第です。そして、前回ご来店されたときの話題と、一緒に来られたお連れ様の名前を覚えていることも必要不可欠です。

◆

「相手に興味を持つ」「本気で接する」とは、業種業態を超えて、ビジネスの基本だと思うのです。

間を制する者は、場を制す

「空気を読む」「間が悪い」などに敏感な人が増えているように感じます。お笑いやバラエティ番組でもよく聞くけれど、本来、〝間〟とは話だけでなく、音楽や絵画、演劇、漫才などすべてにおいて大切なもの。主役ではないし、見えるものでもないけれど、これが、場を和ませも凍り付かせもするから不思議ですよね。

食事だってそう。私が古くから通う馴染みの小さなてんぷら屋さんは、待たせず、早過ぎず、絶妙のタイミングで出してくれる。だからつい食べ過ぎてしまうのですが。

出てくるのにちょっとでも間が空いたら「もういらないかな〜」って思うものですし、早すぎると急かされて会話が進まないし、天ぷらは置き去りになったりして、落ち着かないものです。

でもこの馴染みのお店では、絶妙な間と揚げたてのタイミングで結局はメニュー通り、大将のペースにしっかりはまっているというわけです。

要は、相手をいかによく見ているか、ということ。会話なら、声に特徴があるように、間にも特徴をもたせるといい。

相手に考える時間を少し与える〝間〟。たとえば、「○○さん、あのね……」の後に間をあけてみる。相手は無意識のうちに「これから何を話すんだろう」とこちらに意識を向けるから、それまでほんのひと息待つ。

そして次にトーン。高い声で、べらべらべら〜っと鉄砲のように矢継ぎ早に喋っても、相手が先に「うるさいなぁ」と思った時点で、大切な話は聞いてもらえません。まさに、一方通行なだけ。疲れて帰った自宅で、母親や恋人や奥さんから、今日あった一日の出来事を、自分勝手に話されてうんざりした経験があるでしょう?

しかし、早口がよくないわけじゃないの。商売人なら「へい、いらっしゃい！今日は何にしましょう!!」なんて威勢よくスピード感に溢れた日本語が、ピンとくるでしょ。

リズミカルで小気味よい早口と、自分勝手な話とはまるで違うことを十分に意識しましょう。

そして、〝間〟に落ち着きのある人は「聞き上手」。さらに、場は聞き上手な人のペースになっていることのほうが多い。それは相手の話を聞き出すことも上手であることにほかなりません。

とはいえ、自分のことは気づきにくいものです。

自信がない人は、まず、相手のスピードに合わせてみることをオススメします。自分と似ている人と一緒にいることは、精神衛生上よく、リラックスするもの。「気が合う」と無意識に感じてもらうことで〝間〟が〝邪魔〟になるのを回避するものだと意識してみてください。

ちなみに、NHKのニュースは一分間に三〇〇文字程度を話すそうで、思いのほかゆっくりです。

三〇代、四〇代くらいなら、知る人は少ないと思いますが、間の取り方といえば「徳川夢声」。話術の神様といわれていた人の本があります。一度読んでみるのもいいかもしれません。

徳川夢声が言っていたのは、「他人への配慮を持つ」ことだったように記憶しています。

◆ **自分の声に耳を傾ける、っていうことも必要だということよ。**

参考文献：『話術』

仕事で磨かれる作法

少し話は逸れますが、夜の店で働く女性たちのことについて、あなたはどのような印象をお持ちでしょうか。美人で気立てがよく、お洒落をして着飾って、念入りにお肌や髪を磨いて、短い時間で高給を取る。さらにお客様に連れられておいしいお店で食事をして、ブランドの時計やバッグを買い与えてもらう蝶のような存在……。

たしかにそういう一面も否定しません。でも、博多でも銀座でも上位に君臨する女性たちは、皆、一様に自立していて内面磨きや社会勉強にも余念がありません。朝は決まった時刻に早く起き、お客様へお礼の葉書を書いたり、名刺の整理をしたり、身体のメンテナンス、そして着付けやお稽古に行ったりと、みな、自分をきちんとわきまえた商売人として過ごしています。

ですから私の店でも、トップ一〇に入る女性たちは、明日から大会社の秘書や受付で仕事をしなさい、と言われても他の方に溶け込み、悪目立ちすることなく勤め上げられると自信を持っています。

なぜなら、私はお店で働く女性たちについて、チーママも、マネージャーもアルバイトの子にも同様に指導していますから。もちろん、こちらが求めるもののステージは、それぞれの役割で変わりますが、この仕事は人材が命なのです。お客様あってのお店ですし、お客様をおもてなしするという点では、徹底して「自分自身」と「作法」を磨いてもらう必要があります。

これはどんなお仕事でも同じこと。私が四五年を超えるサービス業で培った大切なポイントを、女の子たちに伝え続けた「ナンバーワンホステスになるための心得」なるものがあり、全員が共通してこれを携帯し、実践していると信じています。

男性に当てはめるには難しいところもあるかもしれませんが、ここで、一部抜粋してご紹介します。

《美しさの度合いと個性》

1 絶世の美人でないこと。絶世の美人だと、男性はかえって縁なき者と敬遠しがちである。また、貴女も美人であることを意識し、男の甘言や色香に迷い、仕事をおこたりがちになる。いわゆるプロ根性に徹しきれない場合が多い。

2 手が綺麗であること。手は、一番現実の生活を思わせるところ。

3 美人には二種類ある。黙っていると美人というタイプと、喋り出すと美人というタイプである。黙っていると美人というタイプは三回で飽きる。

4 性格が誠実で素直でないと、本当の美人には見えない。どんなに顔、形がよくても心の化粧も忘れずに。

5　下品な言葉を使わぬこと。馴れ馴れしい言葉と、親しい言葉は違う。美人にふさわしい優雅な言葉を使うこと。

《貴女自身の私生活》

1　洗濯と掃除、室内の整理整頓はコマメにすること。

2　毎日、新聞を丹念に読むこと。話題は常に新聞にあり、常識の基礎、話題を豊富にもつこと。

3　見ないテレビを付けっぱなしにしないこと。少なくとも朝はつけるな。ときには静かな時間が大事。

4　店を一歩出たら、世間一般の常識人として通用する人間であること。

5　見栄っ張りな生活をしないこと。収入に応じた暮らしをすること。

6　急ぐときに歩くのはバカのすること。急がないのに、そしてすぐ近くなのにタクシーを呼ぶのは、もっとバカのすること。

7　服装で、すべてを判断するな。男は、その人が思っているほど立派ではないが、ホステスが考えているより高級である。

《プロとしての資格》

1　お客様は貴女の友だちではない。あくまでお客様である。有名人が気やすく話してくださったからといって、あなたが有名人になったわけではない。

2　ホステスは立派な職業。色気は売っても、心まで売ってはいないはず。自らを卑下するな。

3　裏方の人たちに威張るな。人間は、自分より弱い人に対する態度で、その人の値打ちが決まる。

4　チヤホヤされるのは〝若さ〟と〝美しさ〟のため。それはいつまでも続くわけではない。

5　ホステスはお金を貰っているプロであることを忘れるな。プロとは、甘えを許さない人種である。

6　いつも、何かにつけて貰ったり、ご馳走になっているためか、何でもタダでしてもらう癖がつき、ホステスは貰い下手が多い。どんなに些細なことにでも、素直に「ありがとう」と口にだして謝意を表すこと。他人の好意に甘え、必要以上に期待し、そして感謝の気持ちが持てないのは、人間のクズである。

（『社交女性の基本的心得』：原文ママ）

どうですか。

思いの他、こと細かで、驚かれたのではないでしょうか。

ましてや私の店では、着物を着ること、ソワレ（イブニングドレス）を着ることを義務付ける場合があります。昼間の延長のような洋服を着て出勤をしてほしくない。かといって、下品で露出狂のようなドレスもどきはもってのほか。

日本はもとより海外のお客様もおいでになるし、それなりの金額をいただくのですから、そのおもてなしに見合う服装、私の店としてのＴＰＯをわきまえなさい、という風に思ってのこと。

一〇枚の安いドレスより、一枚の素敵なドレスを着こなせる女性になりなさいということです。もちろん、普段はファストファッションや百円ショップは大好きですけれど。

さらに言えば、若いころは当然、OLさんより月給はいいし、お客様にはモテはやされるし、オジサマと疑似恋愛。集《たか》れるだけ集って、この商売はチョロい、と思っていたことも過去にはあるかもしれません。

しかし、その瞬間しか見えていない女性は勉強を怠り、日々の仕事をおざなりにしたことに気づくのが遅れると、あっという間に醜くなり、この世界では〝行き場〟と〝生き場〟がなくなります。

お店の飲み物もお客様に「飲ませていただいている」という感謝を忘れて、まるで自分の魅力と疑似恋愛で引き留めている、という勘違いで店を私物化しているような女性は長く続きはしないのです。

これは企業でも同じこと。最近は減ったのかもしれませんが、取引先の女性や受付女性などをすぐに誘って、何人も同時に手なずける。「アイツ、今度は〇×

商事と取引始めたな」なんて、ライバル会社にもわかるほどの、手あたり次第な行為は恥ずかしいものです。

お客様（クライアント様）はもちろん、会社の看板や上司の努力、同僚や後輩のサポートがあってこその自分なのですから、外見も内面も、素敵に輝いてほしいですね。そしてそのための勉強や情報収集は怠らないでほしい。

ましてや他人の褌《ふんどし》で相撲をとるなんてみっともないことはナシにしてほしいですね。

ゴルフで丸見えになる本性

「ゴルフは紳士のスポーツである」といわれていますが、ちょっとニヒルなスコットランドの羊飼いの遊びだったという説があることはご存知ですか。もともと重厚な歴史に彩られた格差社会で、礼儀や作法にとても厳しい国で育ったスポーツではありますが、これが本当に性格が丸見えになるから興味深いのです。

負けず嫌いかどうか、我慢できる人か、短気か、インチキするか……などなど。ずいぶん前の話ですが、ちょっと苦手なあるお客様とコンペで同じパーティを回りました。

それまでは、意地の悪い物言いや、スッとした身のこなしが若いころの私には文字通り「いっちょん好かんモン！」といった感じでした。でも、最初はいやだった私に、幾つ目かのホールで事件が……。

彼が打った打球に、誰もが「ナイスショーット！」「ナイス、パー！」と声をかけました。すると彼は「いいえ、ボギーです」と。みんなは口々に「何言いよると！　パーやん！」と言うと「スタンスで球が当たりましたから。ボギーです」と自己申告。誰からも見えないその打数を正直に告げてくださったわけです。

普通の人なら言わないほどのもの。私の彼に対する印象が変わる瞬間が訪れたことは言うまでもありません。そして不思議なことに、それからというもの、彼の意地が悪い物言いは〝オトナのジョーク〟に、スッとした身のこなしは〝ベタベタしないスマートな男性〟に見えるから不思議です（笑）。

逆に、明らかに本気振りなのに「今のは素振り」だという人はすべてが残念に感じますね。ゴルフが下手なころは、打った数を間違う場合もありますから、上手な人に「数えて」とお願いするといいですよ。上級者は、余裕があるのでパーティの人全員の数は大体数えられますから。

大人の嗜《たしな》みとしてゴルフは少しできる方がいいですね。しかし気を付けて。

◆

「あなたの性格と性質」という個人情報がゴルフプレーから流出しているということを肝に銘じて励むこと。

伝える技術――叱ることと謝ること

世の中、色々な人がいますよね。その中でも、一番大人気ないのは、怒ることと叱ることをはき違えている人。

〝怒る〟と〝叱る〟の違いがわかりますか。怒るというのは、腹を立てる、〝イカる〟という、とても個人的かつ感情的な行為です。一方、叱るという行為は、個人的な感情とは違い、たしなめたり注意を促したりと相手を慮《おもんぱか》る気持ちが含まれています。

大抵の人は、最初は相手のことを思って注意しますが、中には、だんだん、感情が抑えきれなくなり、テンションが上がってヒートアップしてくるタイプがいます。

割と多いと思いますが、上司としては失格。腹を立てた当人は出来事の大半を、忘れていることが多いのですが、怒られた方は、苦手意識が高まるし、場合によっては「また、怒ってる」と聞く耳を持たなくなってしまうこともあります。歳を重ねるごとに、感情のコントロール術を覚える必要がありますね。

逆に、仕事ができる懐の深い人は、怒らない人が多いものです。それに加えて、上手に謝ることができる人なのです。まず、自分が上司の立場でも部下の立場でも、嫌いな人が目の前にいても、嫌いな態度は見せないし、我を出さない。そこで怒ったらすべて終わってしまうことを知っているんですね。
それに「自身で終わらせることができる」自信も持っている。だから、相手の怒りや無礼も上手に受け止め続けることができるわけです。

男性は本来、優秀でプライドの高い生き物です。仕事と年齢を重ねると、どんどん心と表情に厚い皮ができてきて、心の中が意固地になるから、先に謝ることを避けてしまいがち。

でも仕事は一人でできるものではありませんから、上司でも部下でも立場を超えて自分がミスをしていたり、相手から指摘を受けたらまず謝ることです。

一方、上司や先輩のミスを指摘することはとても勇気がいります。この勇気に対して、率直に認めて謝るとしたら、そんなに難しいことではないでしょう。

「ゴメン！　気づかなかったよ。教えてくれてありがとう！」この一言がどんなに周りの心を溶かし、ことをスムーズに運ばせ、今後の信頼につながるのかを考えましょう。

ちなみに、受け止めるココロは大きな強いお皿よりも、穴の開いたザルがオススメですよ。怒りが向こうへ通り過ぎていきますから。

もちろん、相手にきちんと伝えることが必要な場合や、命に関わる場合には大きな声を出すこともあるでしょう。でも、きちんと叱ることができる人は、冷静に、いつ、どのように伝えたら相手に本当に伝わるかを考えているものですよ。

守る？　守れない？

時間を守る、約束を守る、人を守る、部下を守る。

意味は違うけれど、できるかできないかは案外、共通していると思うのです。中でも、時間にルーズな人は絶対に大成しません。だって信用されませんから。「私は、仕事ができません」と言っているようなもの。

私も三〇年間編集長という肩書を持って本を作っていましたから、「〆切時間を守る」ことのつらさも大切さもわかっているつもりです。

時間が守れない人は、まずはそこから直さないと始まりません。今は携帯が普及して約束の延期「リスケ」なども簡単で優先順位が低くされがちですが「時間」は待ち合わせを指すだけではありません。

待ち合わせのために準備する資料の〆切、見積もりの〆切、身の回りの時間で区切るものは、仕事に直結していることが大半。約束を簡単に反故にしてしまったり、ついズルズルと決まりをずらしてしまう人は、周りに仕事のできる人が多ければ多いほど、気づかないうちに、そっと、ダメなレッテルを貼られていますよ。

そして当の本人は一向に気が付いていない。そういう人ほど、「忙しい」という言葉を使うのも共通。今日が忙しいとかの問題ではありません、ずーーっと忙しいのです。

彼らは被害者意識も強いのです。守る意識に欠けるルーズな人は、極端に言えば大切な人も部下も「守る」ということが難しい。いいとか悪いとかではなくて、自分に甘く、自分からの視点でしか物事を見ていないから、とどのつまり、見える部分で自分を甘えさせてくれる人しか必要ではないのですよね。

日々の中で一度見廻してみてください。これは、愛する人や部下を守ってあげられるかどうかに通じているのですから。そして、絶対守らないといけないのは、社員や部下なのです。

私は、こう見えても、ほとんど本気で怒ることはありませんが、唯一怒るのは、お客様がお店の女の子を深く傷つけたとき。

お酒の席とはいえ、お店の女の子に向かって言ってはいけないような最低の言葉を浴びせてるのを見たときは、黙っていません。そのお客様が飲んでいた水割りを捨てて、「お代はいらないから、出ていきんしゃい！　もう、二度と来んでよかよ！」と言ってお帰りいただきます。それでも帰らないときは、他のお客様に協力してもらいます。

隣の席のお客様が「今日のところは、帰られたほうが……。ママ本気ですよ」って（笑）。

数カ月たって、「ママ、この間はごめん。○○ちゃんも、ごめんね」ってひょっこりお見えくださるお客様には「今日は、たっぷり払ってもらうけんね！」なんて冗談を言って仲直りです。対照的に二度と顔をお見せにならず、『「和子ママは怖い！」って言われているわよ（笑）』と、別の店のママから聞くこともあります。そのときは「これから、ママのところでよろしくお願い。私の分も優しくしてあげてね」とお願いしますが、それでいいと思っています。だって、自分の大切な子は、私が守らなくちゃ誰が守るとね？

我が店の従業員も守れずに、お客様の大切な時間や、ましてや秘密なんて守れるわけがなかろうが。

「口は災いの元」を肝に銘じる

私は、この仕事に携わって四五年、まだまだ新しいお客様や若い能力を持つ方とお会いすることが、毎日楽しくて嬉しくて仕方ありません。帯をキュッと締めて「パン」と叩いたら、スイッチが入ります。そんな、人が好きな私も、ゲンナリしてしまうのが、人の悪口や噂話が止まらない人、底意地の悪い人。秘密をペラペラ喋る人。これは、本当の意味で嫌われます。

友達だから、親友だから「誰にも言わないでね」って言いさえすれば……なんて思っていませんか？　これは、女性に限ったことではありませんよ。男性も性根の悪い人は本当にどこにでもいるものです。

従業員面接のときに、「以前いた店の情報を持っています！」と得意気に悪口を言う子がいるけれど、よそのお店の悪口を聞いて喜ぶほど、私も馬鹿じゃありません。そんな子は、うちの店のことやお客様のことを、同じようによそで悪く言うに違いないと思うから。

ましてやお客様の秘密を守ることは、私たちの大事な仕事。おみえになったお客様に「ママ、最近、木村（仮名）来た？」なんて聞かれることがあります。そんなときは、「いやぁ、どうやったかいな。随分前にみえた気がしますけど、いつごろだったかねぇ」と。〝来ていない〟って言うと嘘になるでしょ。だからそれ以上は言わない。

それでも、「そう、誰かと一緒だった？」と聞かれたら、「私の知らない方だったと思うわ。お名刺もいただかなかったから」って。そうしたら、これ以上は互いに詮索しないのが大人のルール。それでも、一枚上手のお客様なら、店の若い子に「木村君、関西弁の人と一緒じゃなかった？」なんて鎌をかける。若い子はよかれと思って「そうそう！　ご存知なんですか？　名前はえ〜っと……」なんてペラペラ喋っちゃう。

相手が情報を探ろうとしているとしたら、嘘はつかずに、この話題を回避する術を身に付けること。知らず知らずのうちにお客様の秘密や個人的な情報を漏らすことにならぬように、あなたの耳に入っても、あなたのところで止めることです。

仕事として常に気を配っておけば、自分が鎌をかけられていることくらい気が付くはず。これくらいの初級レベルの駆け引きもできないなら、仕事に本気じゃないってこと。

本人に聞かれてもよいと思うこと以外は、口にしてはダメね。お喋りが悪いというわけではないし、もちろん楽しいことや人の株を上げるような話をするのは大切。

たとえば、タクシーの運転手さんは乗っているときに色々な話をしてくれるでしょ。「有名人の○○を乗せたんですよ」とか。もちろんリップサービスだけど、それは逆に自分も見られているし、聞かれているということ。

タクシーの運転手さんや、仕入れの業者さん、突然入ってきた飛び込みの営業マン……そういう人たちが、お店の本当の姿を目の当たりにしているということを肝に銘じておかなくちゃ。そこで出る態度や会話は、店のスタッフの質に直結しているということです。明日にも、自分のお客様になる可能性があるのですから、私たち自身も日頃から襟を正しておかないといけませんね。

距離感と一期一会

「こうして、あなたと出会っている時間は二度と巡ってこない、たった一度きりのもの。だから茶会に臨むときには、主客ともに互いに誠意を尽くしなさい」

これが、多くの日本人が知る、千利休の茶道の筆頭の心得です。

「人のつながりは目に見えない糸で繋がれている」ということを習ってから、長いお付き合いの方がたくさんできたような気がします。

三〇年以上通うお客様をはじめ、思い出すだけで悲しくなるのですが、最近では多くのお客様を見送らせていただきました。

長く続く秘訣？　適度な距離感を持つことです。忘れないように忘れられないように。それくらいでしょうか。私にとってお客様は、仕事とかプライベートとか関係なく、〝大切な人〟。だから、もしも、大切な人が閉店後に訪ねてきたならば、どんなに忙しくても、会えるのなら、いま会っておくの。

一日の最後の瞬間に顔を思い出して会いにくる、会いたくなる人というのは男女にかかわらず嬉しいこと。ふらりと立ち寄るその日って、何でもない一日かもしれないし、岐路のときかもしれないから。

「閉店です。ごめんなさい」なんて追い返さず、〝薄めの一杯〟を差し出して「さ、それを飲んだらすぐに帰りんしゃい。また来週、営業時間に来なさいよ」と一〇分だけお相手して差し上げます。それが、その人にとって何でもない一日ならば、次からは閉店直前に訪れるような〝無粋なお客〟にならずにすむし、それがお商売の粋ってもんでしょ。

お金？　腐るほど持っていらっしゃるお客様ならたくさんいただきますよ。でも、その最後の一杯にはどれだけの価値が含まれていると思いますか？　その方にとっては、一日がスッキリ終わるのに大切な一杯なのだから、気持ちよく飲んでいただきます。だから「薄く」「短く」して暗黙のうちにマナーをお伝します。それも夜の世界、夜の遊びのマナー講座。気持ちの問題だし、「おもてなし」もしていないのに、お金をいただく必要はないと思います。

逆に、そこで何かを察したら少しお相手をして、話のひとつも聞けばいい。長くこの世界に身を置くと、様々な瞬間に立ち会うことになる場合もあります。

とても久しぶりにお見えになったお客様がお立ち寄りくださったある日、一杯だけ差し上げてお帰りになったお客様の中には、もうお酒も召し上がれなくなってしまう最後の日だった方もいらっしゃるのですから。

「あの日、あのとき……」という後悔はできるだけないほうがいいですからね。

プライベートを削ってまで仕事をしなさい、と言っているわけではないのです。

ただ、人と人とのお付き合いというのは、そんな一瞬一瞬が、大切なのだということを、知っておくことが大事だということです。

相手のことを本気で思いながら、心を砕きながら仕事ができるようになれば一人前。
人のご縁は引き寄せられて成り立つことを忘れないこと。

第二章 デキる男の仕事術

大学を卒業して社会人になるのが平均二五歳として、ほぼすべての男性は、短く見積もっても四〇年近く働かなくてはなりません。責任や守るべきものが大きい分、男性の人生において、仕事は切っても切れないものです。

得てして「仕事がデキる男」というのは、ジャンルにもよりますが、一言でいうと良い意味で「人たらし」。大辞林に、「ひと誑《たら》し」とは「人をだますこと。また、その人」とあります。

巧みな言葉で騙したり、甘い言葉で誘惑することを意味し、女性を次々に誘惑してもてあそぶ男性を「女たらし」というように、「人たらし」も良くない意味として記されています。

しかし現代では「男性からも女性からもモテて、好かれる人」という好意的な意味として使われる背景に、司馬遼太郎が著書『新史太閤記』の中で、豊臣秀吉が成功した理由を「人たらし」の天才であったと記していることが挙げられるようです。

「人たらし」たるもの、キュートな笑顔と相手が気持ちよくなるコミュニケーションの達人であることが条件ですが、その他に、技術職や自分と向かい合う物書きやアーティストの中にも、どこか人を惹きつけてやまないものを持っている人がいます。黙々と真摯に取り組む仕事への姿勢が、魅力的に映るのかもしれません。

そう、仕事は男性にとって、地位も、名誉も、お金も、幸せも、与えてくれる最大の味方です。そしてそれは、本人次第でどうにでもなるものです。

当たり前ですが、生まれつき仕事がデキる人なんて、一人もいません。そして、「デキる」には終わりがないから、あなたはどこまでも「仕事のデキる男」になれるということ。

もし、あなたが今、何か仕事で上手くいっていないなら、また、さらに上にいきたいと強く思っているとしたら、私がお会いしてきた素晴らしく仕事ができる男性たちのエピソードや私の仕事術から、ひとつでもヒントを得ていただければ嬉しい限りです。

好奇心旺盛な男

今は、大手商社の役員を退かれた男性ですが、最初にお会いしたときは、当時の部長に連れてこられた若手社員という印象以外には思いつかない方でした。でもお席について、ほんの十数分お話をしただけで、どうでしょう、みるみるうちに、彼の魅力が伝わってきたのです。ただ座っていただけなのに。

「偉くなるな……」そう直感的に感じました。当時、中洲はビルの建設ラッシュ。「博多に○○ができ、天神には××ビルができるけど、こうなっていくだろうね」などと言う部長と私の話題に眼をキラキラと輝かせ、釘付けだった彼。

一言一句逃したくない、とでもいうようにちょっと前のめりで「それはどんな店なのですか」「東京ではどうしているんですか」と、地元出身の彼は、上司と私のリズミカルな話に臆することなく質問攻め。

ここが夜の店とわからなくなるくらいのパワーでした。「聞くは一瞬の恥、聞かぬは一生の恥」といいますが、知ったかぶりをせず的を射た質問は、心地さえ良い感じでした。

一生けん命という意味で無邪気でありながら、するどい眼力を持つ男に、女性はうっとりするし、年上の男性だって、可愛がりたくなる。そして、様々なことを教えたくなることでしょう。

逆に気をつけなくてはいけないのが、相手の話の腰を折って、聞きもしないのに自分のことを喋りまくる人。真の野望があり、仕事ができる人ほど、「好奇心旺盛」でありながら、「聞き上手」「喋らせ上手」なものです。

ちなみに、好奇心というのは、自分が知らない分野や未知の事柄にも興味を持つ探求心のこと。実際に見たり感じることで、その背景と内容を知り、交わりながら、自分の世界を広げていくことで人生の厚みが増していくものなのですから。

ただ、知識をインターネット検索だけで得ようとすることは好奇心とはいわないということ。ネットの情報がすべて悪いとはもちろん思いませんし、全世界とつながることができる素晴らしい媒体ですが、簡単に検索ができる分、必要以上に周りのことを知りたがったり、気にしていたりしているうちに、根拠のない情報に踊らされたり、粗探ししているだけになってしまったり。

知識を得るためのきっかけには欠かせませんが、マイナスの部分や、あげ足取りも多い話題には触れないことが一番です。

デキる男は自らの足と時間と金を使って見たり聞いたりしながら〝体感〟し〝体得〟していることをぜひ、知っていただきたいですね。

◆

出世や高収入に否定的な若者が多いと聞きますが、出世欲や仕事への対価で、収入が上がることは決して悪いことではありません。こんな時代だから地に足をつけて、必要なら堂々と出世しましょうよ。好奇心の湧かせ方、間違えとらんね?

渇望の向こうに見る夢

「この人は！」って私の第六感が働く男性は、みんな貪欲。特に目が鋭い。でもその貪欲さを見せずにさら〜っとやっていくからすごい。誰にも不快感を与えず、傷つけず、ユニークでスマート。

「偉くなりたい」「お金が欲しい」「いい車に乗りたい」「いい女性と付き合いたい」とか、遠い夢から近くの夢まで、多かれ少なかれ誰もが持っているはず。これはとっても素晴らしいことです。欲しい物があるから、仕事をするんやろ？

最近は、「欲しがる」ことが、あまり美しくないとされているのではないでしょうか。貪欲な男性が減っている気がしますが、もっと声を出して言っていいと思っています。

逆に女性の欲求はストレート。「かわいい洋服が欲しい」とか「ブランドの新作バッグが欲しい」とか、欲しい物が多い子ほど、その目標金額に向かってよく働く。もっと先を見据えている子は「ママ、○○さんを紹介して欲しいんだけど、お願いできませんか?」とはっきり言います。そういう直球勝負の女の子は、無条件に応援したくなるものです。

だからこそ、貪欲な人ほどチャンスを掴みやすいのかもしれません。目的や、なりたい姿が明確で、欲しい物は欲しい、いらない物はいらないと口に出して言うから、必要な物や情報を手にしやすいのです。

やみくもにではなく、目的意識を持つことは本当に大事。

彼らは他人に不快感を絶対に与えない。これは歳に関係なく、若い人でも、大御所の方でも、一国一城を築く男性すべてに共通していることかもしれません。

そして、そういう人はあまり大口をたたかず、悪口を言わず、人の話をしっかり聞く人ばかりです。そして話を聞いているときの目力もすごいのです。

ある人は野望に、ある人は夢に、そしてある人は目標にむかって努力を惜しまず、心にきちんとした哲学を持っているものですよ。

欲張りなことは、夢を掴むチャンスが増えると心得よ。

有言実行

不動産業で大きな成功を収めた私の兄。今は、地道にその辺の素敵なおじちゃまになっているけれど、私の店も「兄貴の不動産という後ろ盾があるからできている」と、兄の七光りみたいに言われたときもありました。

そんな兄には、プロ野球選手を目指していた頃があったのです。当時の、「西鉄ライオンズ」や「広島東洋カープ」から声がかかっていて、彼のプロ入りを周囲は誰も疑っていませんでした。でも、肩を壊して夢破れ、野球も中断してしまったのです。

その後が悪かった……。何をやっても続かず、不動産業で頭角を現すまで二〇以上も仕事を変えていました。勤め先だけでなく、様々な事業にも手を出していました。なぜかクリーニング屋をやりたい！　と言い出したり、輸入車が洒落とる！　と言って中古車屋さんを始めたり、これからは飲食業だ！　と言って居酒屋を始めたり……。何せ手あたり次第（のように見えた）。そのたびに周りは振り回されて。母泣かせの親不孝もんですよね。でも、何が凄いって、やると決めたら絶対に実行してオープンへとこぎつけていたこと。辞めるのも早かったけど（笑）。

それからしばらくして、母が経営していた居酒屋の常連さんに、半ば泣きつくように母が兄のことをお願いしました。「もう、誰かうちの息子を叩き直して！」という気持ちもあったかもしれません。ほどなくして、常連さんである不動産屋さんへ兄は入社しました。

そこからは、さまざまなことが面白いように動いていったようです。まるで天職と言わんばかりに不動産業へのめり込み、文字通り凄いパワーで実績を作っていきました。

そうして数年後、当時の上司で、不動産の免許を持っていらした故・田中九（たなか・ひさし）さんと独立。とうとう小さな自分の不動産の店舗を持つまでに成長したのです。それから四〇年以上、この世界で働き続けています。博多に来られたことがある方はわかるかもしれませんが、昭和四六年に建てた第1ラインビルから、約一年に一棟のペースで、第21ラインビルまで建設は進みました。職を二〇以上も変えていた野球青年がです（笑）。

その後、ゴルフ場の建設に着手するも、バブルがはじけて、不動産業もゴルフ業も経営不況に陥り、兄はものすごい負債を抱えることになりました。しかしこの失敗は、多くの福岡市内のビルを抱えている以上、社会的責任も大きい。「俺は絶対に自己破産はしない。清算して、できる限り自分で責任はとる」といって、当時自分が所有していた土地や、家や、財産すべてを手放す決断をしました。そういう意味ではとても潔い決断をしたことを覚えています。それでも、一九〇億の借金が残ったのです。

それからは、同じ不動産業をコツコツ営み、少しずつビルを買い戻して、今に至ります。不動産業で、有言実行をし続けて見事、返り咲いたといえるでしょう。もう七〇を超えたので、後は人生を楽しむ域に来ていますが、今も現役。石橋を叩いて渡るのもいいけれど、叩きすぎて橋を壊したり、渡らなければ何も学べない。

私はどちらかといえば地道派だから、昔から兄とよくケンカをしたものですが、あるとき「何もいらないから、二人には仲良くしてほしい」と母に懇願されてからは、年と共に仲良くなり、今は〝私が兄の〟良き相談相手となっています（笑）。

あのとき、周囲を気にせず自己破産で逃げなかったことは、兄としてとても尊敬している一番のポイントでしょうか。

人生の岐路には、石橋を叩く前に渡ってみる気概も必要。
だからこそ、その瞬間を見誤らぬよう、日ごろは地道に努力を重ねるとよ。

身に付いてこその型破り

お店にみえるお客様は、実に型破りな方が多い。それも色々なタイプがいるから大変（笑）。

故・中村勘三郎さんが生前「型を身に付けねば型破りにはなれない。型を身に付けてから破るから〝型破り〟っていうんだよ。型が無かったら〝形無し〟だ」と彼らしい江戸弁で話していらっしゃいましたが、本当にその通り。

「量が質に転化する」とか「継続は力なり」だって同じこと。たくさんやってこそ次の景色が見えてくる。若い人にとっては根性論と感じるみたいですが。

そもそも最近は、型破りなんて滅多に出会わなくなりました。決められたものに、そこそこはまっている人はたくさんいるけれど〝そこそこ〟だから型を身につけられているかどうかも疑問ですね。

少し前は、「誰よりも上にいってやる！」なんてギラギラしている男ばかりだったような気がしますが。今は、うまくハマらないとうまくやっていかれない社会なのかもしれませんね。出る杭は打たれまくってしまうし。

聞いていると、大人のいじめも陰湿そのもの。うつ病の患者数も平成八年から一二年間で約二・五倍に増えているって、異常ですよね。昔のいじめって、どこか格好良かったものです。

私が子どもの頃は、「ツンボ」とか「チビ」とか「のっぽ」とか、今でいう差別用語が飛びかっていたけれど、そういう子が困っていると、普段口が悪いいじめっ子たちが率先して助けてあげていました。「もう、お前しょうがないなぁ」って。要するにガキ大将はいざというときの正義の味方だったわけです。でも、最近の子はみんな大人しくて行儀よし。

今は、言葉そのものに敏感ですよね。「孤児院」は「養護施設」って言わなくちゃいけなかったり、「健常者」に対して「〇〇の不自由な方」って言わないと差別用語だって指摘されたりね。

でも、区別があるから伸びる一面もあるでしょ。仕事ができるできないも、美人とブスもおんなじ。だから、もっと営業頑張ろうとか、お化粧上手になろうとか、痩せて洋服を格好よく着こなそうとか思うんじゃないかしら。

背景や環境を無視して言葉そのものだけを捉まえて「それは差別用語でしょ？」って言うこと自体、私にはあげ足を取っているようにしか思えないのですが。

さらに、運動会のかけっこで順位をつけたら差別になる……となってくると、もう収拾がつかないでしょう。悔しさも頑張る気持ちも、一番になる嬉しさも、仲間との努力もできなくなってしまうということだから、子供たちの情緒をロボットみたいに押し殺しているって恐ろしいことでしょ。気が付いていないのだとしたら、これはもう、敏感なんじゃなくて、逆に鈍感なんじゃないかと思います。

とはいえ、今の風潮もありますから、表向きのあげ足取りや、一方通行のマスコミに一喜一憂されないで欲しいものです。生きにくい世の中だけど、まず、自分だけの型を身に付けていきましょうよ。

最初から〝うまくやる〟ってことがとても格好いいことのように持てはやされているけれど、最初からスキルを身に付けようなんて、身に付くはずがない。

失敗があるから伸びるし、成長してこそ、伸びしろが付いてくる。今日からでも遅くはありません。三〇代はしっかり型を身に付けて、四〇代、五〇代にバーン！　と型を破ってほしいものです。

◆人生に攻略法ナシ！　愚直に真摯に向き合う先の景色を目指して。

ゲイに習う、商売繁盛のコツ

私は、いつもたくさんのお客様と接しているのですが、一人のお客様と話せる時間は本当にごくわずか。目を見てお話ができるのは、平均五～一〇分くらいかもしれません。私の場合、わずかな時間で接してその人を知るためには、まず相手のペースを知る前に、自分のペースに引き込むことで次につながるお付き合いへ発展させていきます。藤堂和子のペースに一度乗ってもらうことができれば、次からは相手のペースでゆっくり聞いてあげられますから。

間合いとか、空気とか、行間を読む距離感がとても大切になると思います。

昔、よく来てくれたお客様に、土建屋のSさんがいらっしゃいました。まだ、この商売を始めてすぐの頃で、作法の右も左もわからない私をSさんが連れて行ってくださった先は、当時、呉服町にあった『鬼あざみ』というゲイバー。

「客への気遣いならオカマが一番たい。どげな女もオカマにはかなわん。一度見ておくといい」と。最初はなんのことかさっぱりわかりませんでしたが、後に私の商売の原点となった場所といっても過言ではありません。美人と女を売りにしない私の作法はここから始まったのです。

たとえば、彼……彼女たちはビールの出し方ひとつ違いました。お客様の口が触れるコップの縁の部分に手が触れないように、底の部分を持って出します。そのほうが、お客様も受け取りやすいのです。

お客様がお酒を一気に飲み干すと「まぁ、いい飲みっぷり。男前が上がるわね。もう一杯いかがかしら」と上手なひとこと。逆に飲み過ぎのお客様には「身体壊すから、もうダメッ。また今度ね」と言ってお酒をつぎません。

「俺が払うんだからよかろうもん」と言われても、「○○さんの大事な身体のことを心配しているのよ。ね、また今度にしましょう」と優しくたしなめます。

それでもお客様が要求すれば、「もう、仕方ないわね。もう一杯だけよ」と飲ませる。このやりとりが絶妙なんです。

ゲイバーのサービス、人を楽しませる話術、媚びないプライド、揺るぎない自信、仕事に徹する哲学、そして指先にも女性を宿らせる色香と艶っぽさ。

彼女らを見て、私は「オンナを売らない女性らしさ」「仕事（商売）というポイントで男性とわかり合える男性らしさ」のカタチを築けたことで、今に至ったのだと思っています。

色々なセミナーに行きまくるジプシーになるより、質の高いゲイバーで飲んだほうがよっぽど勉強になると思いますよ。もしくは、私の店でね（笑）。

不要なダイヤモンドは捨てなさい

個人事業主の出世と企業の出世とはやり方が違うと思うのね。個人事業主はどちらかといえば、前述でいうところの「型破り」というか「荒手」。向こう見ずで無鉄砲。フットワークを軽くして、短時間で色々なところに顔を出し罠を張っていく。

しかし、サラリーマンというのは、会社の看板、立場など個々の点でつながった線や面を守りながら生きていく。どちらが良いとか凄いという話ではなくて、どちらも大変だし、熱を感じる。

でも、企業人だったら、どんなに仕事ができても直属の上司に嫌われてはダメです。ここはポイント。だって、相手のほうが地位も権力も持ち合わせているから「あいつは言うことを聞かないから、違う部署に飛ばそう」なんていくらだってできるのもまた現実。

仕事はできるのに、上司とそりが合わなくて、残念な人事異動を余儀なくされた方々の寂しそうな後ろ姿もたくさん見てきましたよ。

結局ね、弱い上司は、部下が自分の任期中いかに自分が気持ちよくスムーズに仕事を運んでくれるのか、自分の手腕に賛同してもらえるかだから、周囲はお気に入りで固める。自分に意見する輩は邪魔なだけなのです。

じゃあ、もしも、あなたが、そんな上司の配属になってしまったら……。しばらくはじっとして相手の出方を見ること。

脳みそがダイヤモンドでできてるんじゃないかと思うくらい、頭が固い上司はたくさんいるでしょう？　その人たちと正論でぶつかってもダメ。最初っから鼻っ柱を強く、当たって砕けろ的な出る杭になってもダメ。

仕事がデキる男なら、そこはぐっと我慢する時期だと心得ること。

そういうときにはゴマをすりましょう。相手が気づかない程度のさりげないテクニックを使ってね。あくまで、さりげなく。

あなたが仕事のできる人で、直属の上司（この場合は部長）から少し反感を買っているのと感じるのなら、あなたへの苦手意識を解いてもらうことが先決。

たとえば、「他部署の田中さんが部長に、仕事で助けられたと言ってましたよ」とか「女性社員の山田さんが部長はいつもネクタイが素敵だと言っていましたよ」、「部長の奥様、英語がお上手なんですってね」など、その人の弱い部分をあえて褒めることで、課長の既成概念を違う側面から変えていくコミュニケーションが大事です。

さらに、ダイヤモンドみたいな石頭の所属長より上の方にあなたが話す機会があるのなら、嫌味にならないまっすぐな気持ちで「部長には鍛えていただいております」と言ってごらんなさい。

素晴らしい上役だったら、きっと意味がわかるし、あなたを引き上げるチャンスが訪れるかもしれませんよ。苦しい時期もあると思うけれど、腐らずにやれば企業なら、他に見ている人がいてくれることがあります。そういう良い話が耳に入ってバッとラインに乗っていった方をたくさん見てきたのです。

そうして段階を経て昇っていく人たちは、それぞれの「顔」になっていきます。

主任と呼ばれれば少し先輩に、課長と言われれば課長の顔に。部長や常務と言われればそういう顔つきになっていく。

「言葉」でインプットされて、風格や威厳が付いてくるものなのでしょう。

誰かにゴマをすられていると感じたら、価値のないダイヤモンドを捨てるときです！

説教と自慢話から学ぶもの

昔はね、みんな縦社会で飲んでいたものです。

つまり、部長、課長、係長、店長、新人、がずらりと揃っていました。同じ部署のみんなで横に坐って飲んで、血気盛んな新人や若手が酔っぱらった勢いで、部長に大胆な意見や仕事の思いを語ったりしていたものです。「部長！　今日は言わせてもらいますよ！」なんて。

あるとき、一触即発の場面があったのですが、とても建設的な意見で、課長はドキドキしていたに違いないのですが、若手に意見を言わせていたし、部長はじっと受け止めていました。次の機会に話をきくと課長が「大変だったよ」なんて軽く笑うけれど、次の日、きちんと新人には、部長への口の利き方を教えて諭したり、部長には新人のふだんの仕事ぶりを上手にフォローアップしたり。

そして勢いで提案したプロジェクトを新人が任されることになったと言っていらっしゃいました。

一方で、気の利いた上司は、本気で諭すときには「床払い」といって、私たちを席から一〇分だけ外させる。そうして一対一で真剣な話をしていたものです。

その後は再び呼び戻されて「よし！　この話は終わりだ。飲もう！」となるのですが、そういう心得もその「場」にいないとわからないことですから。

とても人間臭くて男らしい時間や話がたくさんありました。でも今は、横並びでしか飲まないでしょう。他部署や他社の部長は部長同士。支店長は支店長同士。若手は若手同士。群れて愚痴の言い合い。それなのに互いに「見ざる、言わざる、聞かざる」が本当に多くなって残念。

私のお店にいらっしゃるお客様は「近頃の若いもんは……」みたいなことは言わないですね。むしろ若い人に興味を持っている人のほうが多いのに、若い人のほうが毛嫌いしているように感じます。

若い人たち同士で飲みに来られたとき、「たまには、部長と一緒に来てあげなさいよ」と言うと、「いやぁ、会社のお金で飲んでいるのに、自分が奢ってやってるみたいな顔をされるし、どうせ説教されるだけだし、面倒ですよ、ママ」とはっきり言う人もいる。

上司が飲みに誘っても「今日は予定がありますので」ときっぱり断るのだそうです。「用事」ではなく「予定」。なかなか昔は言えなかった一言ですよね。毎日なら仕方ないけれど、たまにはお付き合いしてあげてもいいじゃない、と上司を擁護してあげたくなります。

それに縦社会で飲めている会社は、全体がしっかり機能している印象を受けますね。会社の隅々にまで力が行きわたっているし、彼らも「面倒くさいんですよ」と言いながら、やっぱり楽しそうですよ。

会社の飲み会に使った時間を残業代として請求するなんて、冗談みたいな話も聞くけれど、そんなものじゃないでしょう？　全部が受け入れられるものではないかもしれないけれど、お金に換えられないもっと大切で大きなものを貰っているはずですし、きっと違う世界が見えると思いますよ。

会社では大人しくしていて、お酒が入るとお説教や自慢話しかしない年寄り連中にも責任があるのかもしれませんが、部下や後輩の皆さんは、ご馳走してもらえるんだと割り切って、たまには一緒に出掛けてごらんなさい。

お説教のひとつやふたつ聞いて「勉強になります。また連れてきてください」って言えてこそ立派な社会人よ！


人間臭くていいじゃない？　兄弟も家族も少なくなっている現代に、少しくらい面倒なコミュニティがあってもいい。

看板をなくすということ

有名企業や名の通った職業を経て独立した人には、二通りあります。

出世レースから外れて会社での先が見えて飛び出した人、そして、大手のマンネリと会議室に閉じこめられる時間に嫌気がさし、お客様にもっと寄り添うフットワークの軽さを思い描いた人。どちらのタイプにも思うように仕事がなくて先細りしていく人の多くは、「俺が独立したら成功する」って勘違いした人。

大きな会社にいればいるほど、会社の名前や役職で勝負させてもらっていることを忘れてしまうもの。もちろん、個人の評価や成績を残せる実力と会社の名前を使って自分を大きく見てもらえること自体は悪いことではなく、あなただから大きな会社に入社でき、役職がついたのだとも思うのですよ。

だから堂々としていいのだけれど、その恩恵を忘れてしまったまま独立して「俺が、俺が」で通用するほど世の中甘くない。企業は、資本を投下し存続してきた時間だけ、歴史と信頼と実績があるのだから。大きな器の中の仕事に、力を発揮〝させていただいて〟いることを常に心に留めておく必要があると思うのです。

私もね、博多の地方にいながら、「ロイヤルボックスのママ・藤堂和子」という肩書があるから、大きな会社の社長さんと冗談言ってふざけたり、銀座や、日本中どこでも良くしてもらえるということをわきまえているつもりです。

私も退職して数年したら、忘れられてしまうかもしれないと思っていますよ。人間って悲しいかな、男も女も、みんな大きな社会の一つの点。その点がずっと広がって結ばれて、丸くなって端と端とをつなげる。その円を増やしていける人はなかなかいないですもの。

昔はね、アルバイトや定職についてない若者にも、キラリと光る何かを見つけては〝アンタ達は将来性がある〟と言って年寄り衆が引き上げる。引き上げられた者は、恩義を感じ、身を粉にして頑張って出世していく。そうやって若い人たちを可愛がって育ててきたから今日の日本社会があるとよ。

今は、そういう面での一期一会の精神やつながりの薄さというところではかわいそうな部分もあるけれど、それはそれ。どうやってその世界で成功していくかは、やはり人にかかっているのです。

サラリーマン時代に会社で受けた恩恵を、世の中に返しながら仕事をすること。

真（ほんとう）の人脈って何？

「人脈がほしい」「人脈がある」とよく聞くけれど、一度会ったことがある、とか、名刺交換をしたというのは〝あなたが知っている〟〝名刺を持っている〟に過ぎないし、同じパーティや交流会で数度顔を合わせたというのも、知り合いの域を出ませんね。ましてや、フェイスブックやツイッターのお友達やフォロワーの数＝人脈、なんて思っている仕事人がいないことを願うばかりです。

ちょっと辛辣な書き方をしましたが、人脈とは、自分自身が知っているということではなくて、「相手があなたのことを知っている」ことが前提だと思っています。お会いしたり、ご紹介いただいたりしてつながりを持つことに恵まれた後、相手にとってあなたがどれほど重要で、大切な人になり得るか、心情的なことよりも、もう少しドライに「何をもたらしてくれる人か」ということが大きな割合を占めるのではないでしょうか。

裏を返せば、あなたが困ったとき、何かを頼んだときに助けてくれる人。厳しいことを言っても、あなたを助けたいと思ってくれる人があなたの持つ「人脈」です。

名刺のような紙ではなく、SNSのような電子でなく、「人」が息づく「脈」なのですから。

二〇一〇年の秋に、「中洲通信三〇周年『親子三代ママ稼業』刊行記念パーティ」を帝国ホテル東京〝孔雀の間〟で催しました。

中洲に勤めて約四〇年、『中洲通信』という媒体を作って三〇年、転勤族や会社の役員になって日本全国各地へ散っているお客様へ、どうしたら恩返しができるのか、私の元気な姿を見ていただけるのか、皆様にお会いできるのか。そんなことを考えながら悶々とする日々を送っていました。

そんな中、何人かのお客様に「三〇周年記念のパーティをしようと思うっちゃけど、博多でやったら来てくれる?」という言葉に返ってきたのは「現役を退いた僕らが博多へ行くことは結構大変だよ。和子ママがさ、東京でパーティを開いてくれるなら、そのときは、五人や一〇人引き連れて行くよ」という返事。これが一人や二人じゃなかったのです。

もちろん、お客様は各地にいらっしゃいますが、博多・中洲のママである私がある意味、縁もゆかりもない東京のど真ん中でパーティをやるなど、ちょっとイメージしただけでも、気が遠くなりそうです。でも天性のお気楽思考、「どうせやるなら……」と、博多で大きなパーティを催すイメージも、もはやできなくなっていました。

そんなとき、元・NHKでジャーナリストの手嶋龍一氏に「手嶋ちゃん、現役リタイアしたお客様が、そげん言うてくれるっちゃけど、どう思う?」と相談を持ち掛けました。するといとも簡単に「そう。それなら帝国ホテルの、小林社長(当時)を紹介する」とおっしゃいます。

それから二日と空かずに小林社長にお引き合わせいただきました。「何名くらいお見えになりますか」という質問に「一〇〇〇名くらいは……」と返答すると、すぐ当時の担当部長である森さんがブッキングに動いてくださり、なかなか会場入りもままならない、あの「孔雀の間」全スパーンを仮押さえという形で一〇月五日を空けていただき、いよいよ後には引けなくなってしまったのです。

それから当日を迎えるまでたった半年。私をはじめ、店の女の子総出でお客様に電話をかけまくって、お手紙と往復葉書をお送りしました。

最初は一日に数通、あとはチョロチョロ……とちっとも返答がなく、往復葉書に入れられた締切り期限の八月末日がきても、一日五〇通前後。帝国ホテルで啖呵を切った手前、どうなるのかしらと、全国の皆さんの「博多時間」に、久しぶりに足がすくむ思いをしたことがよみがえります。

しかし、一〇月五日の開催まであと二〇日を切った九月中旬のあたりから、堰を切ったように私の電話には参加のお知らせがひっきりなし、さらに一日に一〇〇〜二〇〇通という大量の返信の葉書が届きだしたのです。すると、なんと「出席」のお知らせの多いこと。そしてそこに書かれた一言メッセージが嬉しくて胸がいっぱいになる毎日でした。

蓋を開けてみれば北海道から沖縄まで、全国のお客様と、政界、角界、文化界、芸能界、そして全国のお店のママたちを合わせて二四〇〇名以上が駆けつけてくださいました。中には、大切な欧州出張の出発を翌日に延ばしてご参加くださったお客様もいらっしゃって、このときほどさまざまな方に感謝をし、私の人生も捨てたもんじゃないと「人が息づく脈」というものを感じたことはありませんでした。

数年たった今も皆さんに返信していただいた葉書はコピーしてクリップしています。時々眺めてはニヤけて思い出すほど、心に深く刻み込む出来事になっています。

息づく脈ということでお話すると、このパーティの発起人の一人である手嶋龍一氏をご紹介くださったのは、今は亡き、物書きのお客様で後のエピソードにも出てくる、礒貝浩氏。

パーティの数年前に他界して私の成長を見ていただけなかったことは残念でなりませんが、私に素晴らしい事柄をたくさん教えてくださった方で、彼の教えと人の脈が受け継がれているのです。

私が若かりし頃、「よう、おばさん。おまえさんは何が欲しいかい?」と聞かれたので「人脈!」と答えたことを今でも思い出します（年下の私をつかまえて「おばさん」と呼ぶのです）。

すると、「わかった。金や品物をプレゼントする趣味はないが、おまえさんの知識を増やしてあげることはできるよ。おれが死んだとき、〝ガイがいてよかった〟と思えるようなことは、なんでもしてやる」と言って、惜しみなくご自身の周りの方々を私にご紹介くださいました。

作曲家の小林亜星さん、デザイナーの浅葉克己さん、コピーライターの糸井重里さん、カメラマンの富山治夫さん、女優写真の第一人者・立木義浩さんなど当時のクリエイティブの第一線で活躍される方々ばかりです。

私が「雑誌を作りたい」という夢を語っていた、その本作りに少しでも関係のあるジャンルの方をご紹介くださったのだと今は思っています。

二〇〇五年のガイさんの訃報を届けてくださった奥様もまた、私の大切な人。今の私があるのは、儀貝氏をはじめ、私に人の脈をくれた方々のお蔭。その脈を切らさぬよう、私自身のたゆまぬ努力で相手にとっての「もたらす人」であり続けることが重要だとかみしめています。

人脈が欲しい欲しい、という人ほど他人のことに鈍感なのではないでしょうか？　アンテナを磨き続けて「もたらす人」になることです。

飾らない凄み

私の人生の恩師であり、今は亡き、礒貝浩という方と初めてお会いしたのは、離婚による心の傷から立ち直った頃の暑い夏の日でした。

雑誌や機関誌などの企画編集を請け負う制作会社を興しているというその方は、愛称を「ガイさん」といい、編集者、カメラマンとして、あるお客様がお連れになりました。

『リンドバーグ』が航空スタンドバーとして名前やしつらえにこだわったことで、パイロットや航空機フリークのお客様も多く、その中のおひとりでした。

ある取材で福岡にお越しになったと聞き、その後も取材といっては博多に寄るとお顔を見せてくださいました。

アサヒビールの広報誌や全日空の機内誌『翼の王国』などを手がけていたことはだいぶ後になって、他のお客様から伺いました。そんなわけで、『翼の王国』

が私の大好きな雑誌だったことと、彼が銀座のクラブに詳しいことが、私の好奇心を大きく揺さぶりました。

あるとき、「銀座のクラブってすごかとやろ？　私、一度も行ったことがないと。どんな感じ？」と尋ねると、「じゃ、行ってみるか」と思いがけない言葉が返ってきました。

しばらくして、博多―東京間の往復航空券が送られてきたときは、とても驚き、ワクワクしたことを覚えています。添えられたメモには〈チケットはオープンにしてあります。おいでになる日が決まったらお電話ください。ホテルもご用意します〉とありました。

この粋な計らいに舞い上がる私。二〇歳のあの日（一〇〇ページ参照）初めて一人で泊ったレンガ造りの帝国ホテルと、創業したばかりの憧れの『マキシム・ド・パリ』に再び行きたいとリクエストしてその夢が実現したのです。

帝国ホテルは初めて訪れてから一〇年以上が経ち、巨大な日本三大ホテルのひとつとして君臨していましたし、真紅とゴールドに彩られたアールヌーボー調のしつらえは日本のグランメゾンの草分けであった『マキシム・ド・パリ』での緊張の夜は、三〇年が過ぎた今思い出しても心が騒ぎます。しかし、この夜はそんなものでは終わりませんでした。

食事を終えて、行きたい店はあるかと尋ねてくださったので、直木賞作家・山口洋子さんのお店で、当時、雑誌などに度々紹介されていたクラブ『姫』と答えました。なんとその夜は「長居は無用だよ。雰囲気がわかればいい。自分の肌で感じて吸収すること」と言って『姫』を皮切りに、一カ所、一〇分~二〇分刻みで夜の街をまわり、銀座で一流といわれる高級クラブへ、一六軒も連れて行ってくれました。

お店をまわるたびに礒貝さんの顔の広さに驚きました。そして、どの店でも彼は、銀座の有名ママたちへ直接「この人は博多の中洲で小さなバーをやってるから さ。博多へ行ったら覗いてあげてよ」と『リンドバーグ』を売り込んでくれました。それが私の銀座初体験です。

それから私はほとんど毎週のように東京へ行くようになりました。そのたびに彼は十軒あまりのクラブや酒場に連れて行ってくれたものです。『キャンティ』もそのひとつ。そこでは、テレビや著書のうえで名前を知るだけの、芸能人や文化人がここにもあちらにもお酒や食事を楽しんでいます。夜の社交場で出会う彼らは本当に気さくで素敵な人ばかり。

有名人を紹介されるたびに緊張でこわばる私を見るにつけ、「自分が大したこともないのに、構えたって仕方ないだろう。人間、飾ったって仕方ない。素が一番なんだよ」と諭されたものです。

私が後年、会員制クラブ『ロイヤルボックス』を経営することになって、国内や世界から著名な芸能人や財界人がみえても、物怖じしなかったのは、このときの体験と、彼の教えがあったからに他なりません。

ビジネスにおいても、社長や大物を前に、緊張のあまり、固まってしまうことってありますよね。人間は「自分を良く見せたい」という欲が手伝って、いつもの自分と変わってしまう。

そんなときはあなたも、ガイさんのアドバイスをどうか思い出してください。

あなたの素が自然体であることが、一番魅力的であるときっとわかるはずです。だからこそ素を磨くのですけれどね。

「自分が大したこともないのに、構えたって仕方ないだろう。人間、飾ったって仕方ない。素が一番なんだよ」

男の嫉妬

夜の蝶と呼ばれる女性たちの人間ドラマや嫉妬に絡むストーリーのほうが、面白くて想像しやすいと思いますが、実は男の嫉妬ほど怖いものはないのです。あまり男性にとっては気持ちのいい話ではありませんが、お客様からよく聞く話の中に、企業の中でも夜の店でも共通だと思うことがよくあります。

女性は、付き合う男性で良くも悪くもガラリと変わる場合がありますが、男性は少ないですね。だから、なかなか自分の殻を破って次のステージに向かうことが難しいのです。

サービス業だと、ルーティンワークもありますがお客様によって対応は様々。応用力や心を鍛えることも必要で特に私の店のような場合、スタッフ構成は華である女性を中心に、男性は裏方に徹する必要があります。

ある企業の支店長が、とても悩まれていたことを思い出します。営業成績の大切な業種で目覚ましい活躍を遂げていたAさん。あるとき、Bさんという同年代の目立つ存在が新しく入ってきて、自分の地位やポジションを奪われそうな危険信号がともると、様々な方法で〝出る杭〟を打つ行動にでました。

Aさんより能力が少し劣る別の後輩男性と組んで嫌がらせを始め、Bさんの足を引っ張る行動に。そのマイナスの力が強くなりすぎてしまうと、良い力は、あまりにも強い悪い力に負けることもあるのです。

支店長は当時、この一触即発状態のAさんの解決方法に悩んでおられました。

上司に見えない方法で嫌がらせを続け、支店長の耳に届いたときには、新しくて目立つ期待の新人Bさんはすでに壊れかけていました。その後さまざまな修復もむなしく、期待の新人Bさんは退職し、今では同業他社でやはり秀逸の存在になったそうです。Bさんはさっと見切りをつけ、次のステージへと羽ばたきました。

仕事ができる男はみんな妬まれています。そういうものです。でも、相手があなたを妬んでも、あなたは相手を嫌いにならないことですね。

頭の偏差値でなく、心の偏差値が乏しい人は嫉妬に狂うのでご注意を。

どんな人にも敬意をはらう

新人の営業マンは、新規の営業回りで「名刺を置いてこい！」「名刺の数を報告しろ」なんて言われる経験がありますよね。しかし、名刺を「置かれる立場」

になったとき、あなたならどうしますか？

有名企業の専務が若かったころ、飛ぶ鳥を落とす勢いで営業をしていたときには、先ほどのような名刺を置いてこい、という指示に加えてメッセージを残すようにしていたそうです。

営業先の会いたい方も、出張でほとんどデスクは不在。だとしたら、見知らぬ同じ名刺ばかりがたまっていくことになります。それでは失礼に当たると、日付や新しいご提案を一言書き添えていたそうです。

そうすると、時折、先方から連絡があり「出張中、何度も来てくれて悪いね」という言葉や、「一度、話を聞こう」という電話。お邪魔して話をすると、仕事が決まる、決まらないにかかわらず、連絡をくださったのは、すべて仕事のできる男性たちだったそうです。

その後、自分も名刺を置かれる立場になったときに気が付いたこと。それは、「毎日来てくれて悪いな」と思ったり、新しい環境や提案を自由に受け入れようとする頭の柔らかい伸び盛りの企業やその担当者は、営業マンの名刺ひとつにも敬意を払うということ。

だって、彼らが明日のお客様かもしれないし、彼らの営業のおかげで会社に大きな新しい風が舞い込むこともあるのだから。

その方は、時折ピンときた営業の方には積極的にお会いになるそうです。

キャッチボール

三〇代の若いリーダーが上司と連れ立ってくることはよくあります。

そんなとき、席につくとお酒の力でふと熱っぽく語りだした若きリーダーが発する「アイツ、使えないんですよ」という言葉。かなり頻繁に耳にします。前後の話を聞くと、すべてが悪口でもなさそうですが、あまり美しい日本語ではないですよね。

で、よくよく聞いてみると、これが、大抵「使えない」と言っているほうの独りよがりの場合が多い。

多くの構図は血気盛んな先輩と、少し控えめの後輩君か女性スタッフ。先輩の外向きの営業や大きな推進力は、天性のセンスを持ち合わせているのでしょう。グイグイと引っ張って、右から左へと事を進めていくことはできます。

しかし、えてしてこういう人というのは、灯台下暗し、とでもいうか、あまりに外堀ばかりを見すぎて、細かな毎日の動きに鈍感になりがちです。

その先輩がかかわるプロジェクトでは、彼の依頼した提案書がいつまでたっても上がってこない。自分も忙しいから別のことに忙殺されていた。提案書にはそれぞれが調査する対象や写真が必要だったのに、いつまでに集まっているかわからない。蓋を開けてみれば、「先輩から言われなかったので、待っていました」と。「なんで質問しないんだよ」とか「わからないなら尋ねろよ」と言っても後の祭り。結果、「アイツら、使えない」となったそうです。

そんなとき、私が言うのは「キャッチボールなんだから、いい球を投げなくちゃ相手からもいい球は返ってこんとよ」ということ。

先ほどの話ではいくつかのポイントがあります。全体のスケジュールを把握する人は誰なのか、先輩にはどの段階で誰が見せるのか。部下に任せるということと丸投げするということとは大きな違いがあります。

それに、先輩になってすぐの頃は、仕事に対する熱い思いや、いいところを見せたいという気持ちが先走って、相手の気持ちや立場に立って考えられず、強いほうの我が顔を見せる。時間が経って練れてくれば、そんなことはわかるだろうはずの頭の良い若者でも、使命感や先輩風が手伝って、ついつい「俺が言ってんだからわかるだろう？　使えねぇなぁ」となるようです。

でもね、後輩やサポートスタッフに力を発揮してほしかったり、打てば響くような返事を受けたかったら、自分から〝今日イチ〟の球を放りんしゃい。相手にとっての悪送球ばかりでは自分にいい球が回ってくるはずないでしょう。もう一度、深呼吸して考え直してごらんなさい。

そうしたら彼らも成長して、あなたの良きライバルになるかもしれないでしょう。ライバルになるまで育てられたこと自体、あなたの度量なのですから、その芽をつぶすような無粋なことはしないで。ライバルがいるって本当に幸せなことだから。ライバルがいなくなると自分自身が衰える。

ライバルがいるから、「あの人に勝とう！　あの人を抜こう！」と思える。

何もできない人の中にいると自分も同じレベルになり、そのぬるま湯が一番心地よくなって、外に出られなくなったときが一番怖いから。

逆に、尊敬できる人の中にいるとレベルが上がるでしょ。それをあからさまに出すことはないけれど、ライバルがいるということは、「自分を良い方向へ導くバロメーター」があるってこと。私がお店で女の子たちに伝えている心得の一部を紹介します。

朋輩を大切にする心得

1　陰口を言わないこと。言えば、自分も言われていると思え
2　金銭・物品の貸し借りをしないこと。貸せば、その友を失うと思え。あげるつもりなら別

3　どんな些細なことでも約束は守ること

4　好き嫌いの感情を露骨に表に出さないこと

5　イエス、ノーをはっきりし、相手に誤解を与えないこと

6　親しき仲にも礼儀あり！　先輩、後輩の順序を守ること

7　誰かの陰口を聞いても、あなたのところで終わりにし、他人に伝えないこと

8　朋輩の顧客や大切な人を大切にすること。そうでないと、逆の立場になったときに、あなた自身が困ります

9　概して、朋輩との付き合いは、十分に知り合うまで深入りしないほうがいい。何もかもあけっぴろげていると、後に困ることが多い

頼られる管理職の心得

1　仕事の知識・技術要領を十分知っていること

2　部下を気持ちよく働かせ、作業環境の整備を常に心がけておくこと

3　命令は明瞭で、かつ親しみやすく、しかも統率力は十分であること
4　常に見通しをつけて仕事の計画を立てていること
5　仕事の準備のさせ方が適切か。ムダ、ムリ、ムラがないか常に気を配ること
6　仕事の準備進行について、質問があれば即答できること
7　部下の成績の査定について情実をはさまないこと
8　仕事の性質、結果をよく理解させ、興味を持たせ、納得すること
9　新入社員や転入者が仕事にまごついたり、気まずい想いをしないように常に配慮すること
10　部下の要求はよく聞いて、その是非を考えたうえで、適切な決定を下すこと
11　部下を個人的に理解し、関心を持ち、仕事のことや態度、仲間づきあいの変化に気を配っていること
12　部下に約束したことは固く守り、できないことを約束しないこと
13　仕事以外でも自分から進んで部下に近づき、親しみある挨拶を交わすこと
14　部下や上役に自分の責任をなすりつけたり、転嫁しないこと

15　部下の気持ちを引立て、適材適所につけ、自分で進んでやるように指導激励すること
16　部下の提案は喜んで引受け、苦情については的確な処置を講ずること
17　常に自分を他人の立場において行動し、理解するように努めること
18　現状に満足せず、進歩向上の熱意にもえ、常に模範となるような行動をとること
19　正しい判断力を持ち、人格的にも立派で人に好かれる人柄であり、かつ敏感、積極的、創造的であり、勉強家であること

幹部の心得

1　仕事の内容が部下と違うということを自覚すること
2　上下関係の意思疎通をはかり、経営方針が部下に徹底するように伝える
3　仕事の内容、任務が常に経営者と一体であること

4　経営参画チームの一員であるという自覚をもって行動すること
5　利益管理の最前線に立ち、常に原価意識をもって仕事に臨むこと
6　部下の扱い方に対しては、公平無私、常に理性的であること

『社交女性の基本的心得』（原文ママ）

私流従業員の育て方

喫茶店でも居酒屋でも、ホテルのレストランでさえ、お客様を「歓待」するという「気持ち」を忘れているところが多くて気になることがあります。

例えば、一流ホテルで料理を出す際にも、お客様の目を見てなかったり、笑顔が出なかったり、料理の説明も、丸暗記の一本調子で味気ない。その割に世の中では「サービス」とか「ホスピタリティ」とか「オンリーワン」とか「差別化」とかいう表面的な言葉ばかりが独り歩きしているから本末転倒ですよね。

一方、働くほうだって、アルバイトなら時給がいくらとか、お休みがどうとか、どれだけ割が良いかが働く基準。自分だけが楽しければいいとか。だから集中できないし、仕事に意味を見つけることがないから、〝気もそぞろ〟で気が付かないし、同じミスを繰り返す。人間とは勝手なもので、自分本位に考えがちです。

権利意識が強い現代は特にそうです。社会は持ちつ持たれつで、従業員は働かせてもらっているのだし、経営者は働いてもらっている。お互い歩みよって初めてうまくいくのです。

では、サービスを強化するために、従業員のやる気や集中力を見出すことは、誰の腕にかかっているのか。もちろん、私たち経営陣や上司たち、先輩たちです。

経営者はいつも即戦力を求めて、最高の人材を探しているし、上司だって優秀な部下についていてほしい。

でもね、そんな人、簡単にはいないのよ。本当に仕事ができる人は、すでに良い職についているし、独立ありきの人も多い。育てても、やっと一人前になったところで辞められたという経験が、あなたにもあるのではないでしょうか。だから、人を採用したり育てたりすることにお金と時間を費やす覚悟をするってことです。

私も今でこそ、所帯が大きくなり、理にかなう方法でスタッフたちとも話す場所を設けますが、三五歳くらいまでは、その場でガミガミ言うどころか、蹴たぐりよった(!)。営業中にカウンターの下で〝ほらっ!〟って店の女の子を小突く。口より先に足が出る。

今ならパワハラとか言って、訴えられてしまうかもしれませんね。だけど目的もはっきりしていたし、その分、別のところで愛情を注いだつもりだから、訴えられてはいませんよ(笑)。

人を育てるって本当に大変ですが、一人ひとりの目を見て、心を覗いていかなくちゃ。厳しく押し付けてもダメ。いいところをピックアップして伝えていく。きちんと叱って、褒めて伸ばす、という方法がいいですよね。

今の子は、昔の子と育て方が違ってきています。豊かになって、教育も知識も一定には学んでいる。だから昔のように鞭で叩けば言うことを聞くという時代ではないのです。そんな時代に生まれ育ったゆとり世代が若い働き手の中心となれば、経営手腕と同じように人材育成手腕が必要だと思います。

実は、以前、何度言っても同じようなことで間違う若い子がお店にいたのです。お客様を真剣に観察していれば防げることなのだけど、わからない。ボーッとしてるし、ピンと来ない。常時五〇人以上の女の子が入れ代わり立ち代わりするようなうちのお店でボーッとしているのは致命的。だけど、育ってほしいという親心もあって、なんとか頑張ってくれたら、と思っていました。どうしたら、変わってくれるだろう……そう思っていました。

そんなとき、「メールごっこをしよう」と提案をしました。「私も忙しいから、わからないことがあったらメールしなさい」と。すると、話をするより明らかなことが起こりました。

メールのやりとりの中で「今日はここが良かったよ」とか「笑顔が足りなかったよ」と私が言うの。そうすると「気づきませんでした。わかりました」と返事が来る。繰り返すうちに、ずいぶんと彼女に変化が訪れ始め、彼女自身から「こういうところがわかりませんでした」とか「こういう場合はどうしたらよいですか」と質問がくるまでになっていって、一つずつクリアしていったのです。

こちらのペースでなく、相手のペースに合わせて〝待つ〟ことが彼女の行動を変えたのだと思いました。

私もね、時々こんな気の長い教育もしているのですよ。目をかける、手間暇をかける、時間をかける、心をかける。そんなことが大切なんだろうな、と。人に見てもらっているということが本人の力になるのですから。

採用と育成にお金と時間をかけられる会社になるべし。

大都会と品格——古き良き東京回顧

サービス業を営む者として、良いお店というのは、「しつらえ」＝ハードと「スタッフの質」＝ソフトの両方がバランスよく備わっていることだと思っていますし、それを念頭に置いて経営に携わってきました。

しかし、日本の突き抜けたおもてなしの心にハードが備わった、衝撃的ともいえる忘れられない場所といえば、やはり『帝国ホテル』です。

高校の修学旅行の後、一人で初めて東京へ行ったのは弁護士のT先生から、「和ちゃん、卒業祝いだ。東京においでよ。一度見学させてあげるから」と言われてお邪魔した、一九六六年。私は二〇歳になっていました。

当時、帝国ホテルといえば、初代のホテルが失火で全焼した後に開業した、フランク・ロイド・ライト氏が設計した地上三階建ての、今はなくなってしまったレンガ造りの建物。

初めての一人旅でしたし、九州・博多の田舎者の上京。先生とのお約束は仕事が終わる一八時でしたので、一四時ごろに到着した私は、ひとり気ままに帝国ホテルへ。

しかし、あまりの重厚感とその威厳にロビーでどきまぎしていました。ホテルの方には挙動不審に映ったことでしょう（笑）。

キョロキョロしていると、（おそらくロビーに入って数分も経っていなかったと思います）着物を着た、ホテルでは有名な伝説の小池幸子さん（ＶＩＰを扱う客室係）と思しき女性が、「いらっしゃいませ。帝国は初めてでございますか」

と声をかけてくださいました。もちろん「チェックイン」という単語すら知らない頃です。

「ご予約は？」というお尋ねに、

「……あると思います」と伝えるのが精いっぱいでした。

ドキドキが聞こえるんじゃないかと心配していると、ソフトなトーンで

「お名前を伺えますか」と聞かれましたので、「かわべかずこです」というと、
「かしこまりました。そちらにお掛けになってお待ちください」
といって近くのレセプションデスク（らしきところ）でなにやら調べてお
いででした。ほどなく、私のもとへ来られて「T先生のT弁護士事務所から、
二泊でご予約いただいております。どうぞこちらへお名前とご住所をご記入
ください」と言われるがまま、用紙に記入をすると、「どうぞごゆっくりお過
ごしくださいませ」と鍵を預かりました。
それからベルボーイが来て、私の小さな荷物を持ってくれて案内してもら
い、部屋へ入りました。その頃、この東京旅のために、読み漁ったHOW
TO本には、『ホテルマンには五〇〇円〜一〇〇〇円のチップを』と書いて
ありましたので、（この頃はチップが必要だった）ありがとうございます、
と言って、一〇〇〇円を手渡しました。
すると、ベルボーイさんが、
「ありがとうございます。それでは河辺さま、なにかご用がございましたら

フロント九番までご連絡ください。私はベルボーイの○○と申します。どうぞ、ごゆっくりご滞在くださいませ」と、挨拶も美しい日本語で、洗練されていて、こちらのほうが直立不動で「はい、はい」と聞き入ってしまいました。

またまたHOW TO本で読んだ通り、「ベルボーイが部屋を出たら、内鍵をかけること」とあったので、しっかり鍵をかけました。

時間があるので、改めてじっくり部屋を見回すと、そこは、とても素敵な角部屋でした。嬉しさのあまり真っ白なベッドへ、マンガのように飛び込んでみました。こんな広いベッドを目の当たりにしたのは生まれて初めてです。

次に、目の前に広がる窓にかかるカーテンをバーッと開けました。すると眼下に日比谷公園が広がり、はるか遠くまで見渡せる。当然ですね、あの頃、帝国ホテルより高いビルなどそうそうありませんから。あのときの日比谷公園の緑の美しさもよく覚えています。

それから、部屋の丁寧な探検開始。まずは様々な引き出しとファイルを広げて、この部屋の値段を調べてみましたが、記されていません。

そして驚いたものは、洗面台、お風呂においてあるアメニティ、部屋に添えてあるメモ帳と、便箋封筒、ボールペン……すべてに美しい帝国ホテルのインペリアルロゴが印字されていて、ワクワクしました。

博多のみんなへ見せたい一心でバッグに詰めてみました。……が、「角部屋のお客様ですが、全部お部屋から持ち出されたんですよ」と言ってT先生に請求など、ご迷惑がかかるのかも！　なんて心配をしながら、いったんバッグから取り出して一八時にT先生との約束のレストラン『マキシム』へ。

しかし、先に着いてしまい、先生を待つ間の私の心細さは相当なものでした。だってウェイティングバーで飲んでいる人たちときたら、人種が違うのかと思うほど、皆、一様に素敵でとてもエレガントだったから。私もそのとき、よそいきのスーツを着て、目一杯のお洒落をして出かけたつもりでしたが、とてもかないません。

その後、遅れてきた先生と、別フロアへ連れ立った後も、出てくるお料理、お酒、インテリア、サービス、すべてがキラキラしていて、当時の博多では味わえない豪華さを前に、私は気後れして、料理の味どころじゃありませんでしたが、ひとつだけとても大事な質問は忘れずにしました。

「先生、お部屋の中で持って帰っては駄目なものを教えていただけますか」

先生はやさしく、ていねいにお答えくださいました。

「スリッパ、浴衣、バスタオルとかバスローブとかホテルの備付のものはよくないけれど、石鹸やシャンプーリンス、便箋などの消耗品は、使っても持って行っても大丈夫なはずですよ」と。

その日、先生と別れてホテルの部屋に戻った後、すぐにバッグへ大切にしまったことは言うまでもありません。とにかく嬉しくて、嬉しくて、大きめの石鹸、シャンプー、小さなブラシ、真っ白な便箋、綺麗な封筒、ぜ～んぶ、記念に持って帰りました。ホテルの大きなベッドでは縦・横・ナナメになって寝てみました。

あれから、約四八年。震災にも空襲にも耐えた帝国ホテルは一九六八年、存続を求める多くの反対運動もむなしく、老朽化と地盤沈下を理由に取り壊されます。都心の巨大一等地にありながら、客室二七〇室という贅沢なつくりでは、現在のホテルの総合計一七五三室であることからわかるように、話にならなかったということでしょう。

しかし、あの美しい館が、もし今日、残っていたら世界の名建築の一つとなり、帝国ホテルのおもてなしとともに、観光名所として人々が押し寄せていたでしょうね。

フランク・ロイド・ライトが設計した当時の帝国ホテル本館「ライト館」は、現在、愛知県犬山市の明治村にその玄関部分だけが移築されて残っていて、その姿に感じ入ることができます。

大きくて偉大な帝国ホテル、きらびやかで気後れするほどの豪奢な銀座のレストラン「マキシム」。一九九〇年公開の、映画『プリティ・ウーマン』でジュリア・ロバーツがエスカルゴの食べ方がわからず、すっ飛ばすシーンがありますが、状況は違えど、あの映画のように一生懸命食べたことを懐かしく思い出します。

第三章

モテる男の酒と女の嗜み方

女性の社会進出により、男女平等なんて言葉は使われなくなってきた昨今、「草食系男子」や「肉食女子」の言葉がひとり歩きしていても、いいえ、だからこそ女性は、男らしくて強い男性をまた、望み始めました。ソフトで優しい外見とは逆に、女性を守ってくれる、仕事がデキる、お金を持っている（＝自分を守ってくれる）男性との出会いを求め始めたのかもしれません。

そして、美しいアクセサリーや素敵な洋服を欲する女性に対し、どんなに時代が変わっても、男性にとってのそれは、素敵な女性を連れていることかもしれません。

さらに、女性は男性によって、綺麗にもなるし、醜くもなる変幻自在の生き物です。本書を手に取ってくださったあなたには、ぜひ、文字通り〝いい男〟になってもらいたい。ぜひ、あなたの男力を磨いて、あなた自身がより楽しい人生を過ごしてほしいと願うばかりです。

なぜなら、この世には、男と女しかいないのですから。

気遣いと贈り物

素敵でモテる男性というのは大抵、そこにいる女性を自然に喜ばせることができる人。「あれ？　今日は何かが違うけど、髪短くした？　いいね」とか「いつも可愛いピアスしてるよね」なんて、〝これまで、ちゃんと見ていたよ〟という言い回しは女性の心をキュンとさせるものです。

髪型、ネイル、お化粧など細かい変化に気づいてくれること、そして、私の店の新人の女の子にも「君の話は面白くていいね。将来性があるよ。今日は楽しかった」なんて言ってくださる気遣いは、お金をいただいていながら恐縮ですが、とてもモチベーションが上がります。会社の部下や後輩たちにこういう声のかけ方ができるようになるといいですね。

長年通ってくださる外資系の大手企業にお勤めのお客様ですが、出張のたびにお土産をくださる。けれどそのお土産というのが、派手とかこれ見よがしでなく、本当に気が利いているのです。

私が着物を着始めたときの最初のお土産は、帯に差す京都の老舗・宮脇賣扇庵の小さなお扇子。その後に、「帯に入れておくのもいいらしいよ」と言ってくださった豊田愛山堂老舗の香袋。浄土宗総本山知恩院御用達としても有名ですが、着物防虫剤など種類も様々で、あれから三〇年以上、今でも愛用しています。

それから帯に挟むクリップといったように着物にまつわるものをくださいました。「この間着ていたものにこの若草色を指し色で入れるとちょっと素敵だよ」と言って半襟をくださる。そして、ただ買ってくださるだけではなく私が伊と忠の草履を履いているとお話したら、「伊と忠はんもいいけど、ない藤はんの履物もいいよ」なんて、京都人らしい本物の一流処を教えてくださる。

若くてまだ何も知らない私の世界を、お土産で広げてくださるような素敵なお客様でした。私が着物を着だしたというところに目をとめてくださった方は他にあまりいらっしゃらなかったようにも思います。

それから、周囲の女の子たちがうっとりした粋な贈り物といえば、ある会社の役員でいらしたAさん。「和ちゃん、先日はありがとう。楽しかったよ」と短いメッセージとともに届いたのは、白い箱に入った一輪の薔薇。女の子たちも、「ママ、それ誰から貰ったと?」「素敵〜」とうっとりしていました。

私も本当に感動したので、お客様への特別なギフトとして、時折登場させています。女性なら大きな花束も喜びますが、男性のお客様には、箱だと会社にお届けしても邪魔にはならないし、同じ金額でも、あまり仰々しい花束だと、周りにも本人にも気を遣わせてしまうことがあるでしょう?

スマートで印象的な贈り物のチョイスって、上級者の腕の見せどころ、というところでしょうか。こういう気遣いは、意識することで周りの見え方が違います。ただし、あくまでさりげなく。

これ見よがしの贈り物より、気が利いていて女性の心をくすぐるものがいいですね。まず意識することから始めましょう。

チャーミングな男と洗練された男

〝ドキッ〟とさせる男の人って、優しくさりげなく、私の向こうにいる人にまで気を使えたりするもの。そしてそれが嫌味じゃないの。こういう男性のことを〝洗練＝〟〝sophisticated〟されている、というのでしょうね。

彼らの共通点は視野が広いこと。海外生活が長いとか大企業とかだけではなくて、世界規模で仕事や物事を捉えている人が多い。そういう人は器が大きい。

そして、あと少しで上にいく力がある男達というのは、力を貸してあげたくなる格好よさを備えています。

たとえば三〇代なのに、六〇代の私でも包まれたくなるような懐の深さを持っています。大抵、そういう男性は遊び心を持ち合わせていて、お店では気持ちよく遊んでも、プライベートでは、奥さんや彼女を上手に満足させてあげられるもの。

成功している男性の仕事の原動力は、「遊びたい」気持ちがあるかどうかにある、と私は思っています。働いて、稼いで、お酒をふるまって、女性と遊んで。歳は関係なく、遊びたい気持ちが失せた男性が、段々縮小していく姿を、幾度となく見てきました。

お店の時間はほんの短いひととき。映画の予告編と同じ。ほら、映画の予告編って、絶対に本編が見たくなるし、予告編がダメだととたんに興味が失せるでしょ？　そういうエッセンスを上手に使える男性、ってことかもしれませんね。

◆

毎回映画の本編を見せられてもお腹いっぱい。予告編のワクワク感がいいんですよね。それがたとえイイトコドリでも。

女性を喜ばせる男の五か条

少しマニアックなお話ですが、今どき、女性をいつまでも絶やさず切らさず、〝ヒモ〟に憧れる男性って今はあまりいないかしら。

昭和四七年頃、れっきとした〝ヒモ〟として忙しく日常を過ごす男性がいました。その男性は通称〝てっちゃん〟。

彼には当時、日本全国四か所に彼女がいました。

月のうち、一週間ずつひとりの女性のところへ会いに行き、彼女を喜ばせ、それぞれから二〇万円くらいになるお小遣いまでもらって、博多にいつの間にかふらりと戻ってくるような生活。

二〇万円×四人だから、ざっと月収八〇万円！　もちろん、全員がきっちり二〇万円というわけではなかったようでしたが当時の八〇万円って、今の二〇〇万円以上かしら。超イケメン！　という風貌ではなかったけれど、どことなく人を引き付ける楽しい男性でした。これもれっきとした才能ですよね。

そんなヒモの彼にその極意を聞いたら教えてくれたのは五つのポイント。

「なだめ、すかし、おどし、可愛がり、間をあける」なのだそうです。

まぁ、なかなかできることではないし、もちろんオススメもしないけれど、これを仕事に置き換えて、本当にできるとしたら、どんな世界でも一流になれるかもしれないなぁ……なんて昔を振り返るときがあります。

愛するということ

「俺、女性を喜ばせる自信がある!」という男性が一体どのくらいいるのでしょうか。

セックスがうまいかどうかは、男性の仕草や体格などに現れる、といわれていますが、男性の気持ちよさと女性の気持ちよさは根本的に違う、とわかっている男性がどんどん減っているらしいという大問題が……。草食系男子の成れの果てなのか、単に肉食系男子が独りよがりで下手になっているのか……。

何事にも想像力と情緒が足りない。情報化社会といわれて久しいけれど、パソコンや携帯も個人で一人一台どころか、一人数台の時代。WEB上で卑猥な映像が氾濫しているというけれど、〝素人女性の身体を本当に傷つけるやり方〟だと教えてくれたのは制作サイドのスタッフの話。男性が一人で見るための激しいバージョン。それを日常で実践して女性が喜ぶと思ったら大間違いよ。女性の身体はとてもデリケート。優しく丁寧に扱ってほしいですね。

海外の映画を例にとると、外国人は本当に女性を喜ばせるのが上手。もちろん台本上の演技かもしれないけれど、セックスシーンひとつにしても、服を脱がせる動作、目を見て問いかける愛の言葉、イントロがとてもエロティック。照れくさいかもしれないけれど、ガッついていきなりサビ！　という若き日本男児の皆さま！　情けない！（笑）

まぁね、文化が違いますから、その部分だけは切り取れないけれど、洋画は必ず、シャワーの後も美しく脱がせるのが大変そうな（笑）下着をつけているでしょ？　でも、日本ではスッポンポン！　今すぐにでも考えを改めて、脱がせる時間も楽しめるような、女性にとって最高の男性に仕上がってほしいと思います。女性は見えない世界に快感をおぼえるもの。上手な男というのはイントロが素晴らしいのよ。

謎めいている男

秘密があるというのは魅力のひとつ。なにかファジーな部分があるのがいい。というのは、女性の想像をかき立てる男性という意味。なんでもオープンにするより、なんだかわからない、というものがあるかどうかで大きく違います。

中には不思議なお客様がいらっしゃるものです。三ツ揃いのスーツでなく、お洒落なジャケットスタイル、その男性がお見えになるのは、決まって大企業の偉い方に連れられて接待を受けているとき。接待されることに慣れていらっしゃるのか自然で、とても落ち着いています。明らかにお洒落の感度がサラリーマンと違うので「あの方どちらの方？」と伺うのですが、「一流のお仕事をされている方だよ」と切り返されます。

お話を進めても、関係者であることや、どちらかといえばプランニングやデザインなどにかかわられていることはわかりますが、それ以上は見えてこない。

しかし時計もバッグも靴も、ただのブランドではありません。いわゆる上質を知る方々が身に付けているものばかり。独身か既婚者なのかも接待する周囲のみんなも知らない、という。

その後、時折一人でみえることがあっても、カウンターで静かに楽しんでお帰りになる。饒舌ではないけれど、とてもうまく話をされるので、私にも何者なのか、あまりピンとこないという男性。なかなか面白い方がいらっしゃるものです。この方は久しぶりにお会いした平成の「ミステリアス」（笑）。奥が深いような気がするから興味がわきますよね。

もっと普通で簡単に言えば、「Rちゃんは、あなたの彼女じゃないの？」と聞いても、「え？　そう思う？」とか、「まあね」とか、どこか会話に謎めいた部分を秘める男性に、女性は魅かれるものなのです。中洲でも同じです。すべてをさらけ出さずに上手に楽しむ。しかし、最近の若い男性は、店の女の子にも簡単に手を出そうとして、断られると二度と店に来ない、というような無粋な疑似恋愛で勘違いする殿方も多いようで、嘆かわしい限りです。

声がいい男

女性にとって〝子宮を突く声〟というのがあるのです。

第一声からグッとくる声や、話をしていて惚れ惚れするような深みのある声。それでいて、クリアに聞こえて、優しくて強い声。独特のトーン。

個人差はあれど、男性の声の低さは落ち着きと自信を表しますね。また、男性の声というのは、年齢が進むとしわがれていくものですから、低音でいてクリアなトーンというのは、若さとハツラツさの象徴ですね。

もちろん、これらは男性が女性の胸元や美脚に目が行くのと同じで、女性は心に響くことで甘い刺激を感じるのです。

昔お世話になった弁護士の先生はまさに子宮を突く声の持ち主。そういう人は本能でわかっているのか、ゆっくり落ち着いたスピードで、きちんと名前を呼んでくれるのです。

「和子さん、お食事に行きましょう」「和子さん、次の資料はできていますか？」とか。なんでもない一言なのに、今思い出しても少しくすぐったいほど（笑）。

リンドバーグに多かったパイロットのお客様も、みんな声がよかった。日頃、マイクを通してお客様にアナウンスをしたり、管制官とのやりとりで慣れているからなのか、ゆっくりと、低い声で話す声に色っぽさを感じましたね。

近年、男性も女性も声が高くなっているそうです。特に若い男性が好む女性の声は漫画の子猫のような声だそうですが、これは男性の自信のなさがティーンエイジャーの声を求めている証拠！　もっとどっしり構えて、自信みなぎる男になってごらんなさい。

声は生まれつきだからどうしようもないなんて嘘。緊張して早口になったり、上ずった声が出たりするけれど、自信がない印象を与えてしまうから、まずは深呼吸して、お腹に力を入れて、ゆっくり低い声で話すことを心がけて。

※最近のランキングでは、福山雅治さん、竹ノ内豊さん、西島秀俊さん、向井理さん……と続くのだそうですよ（出典：マイナビウーマン）。

男の戦場

「多くの重要なことは夜決まる」こんな話がまかり通っていたのは一昔前だと思っていませんか。ロビー活動ともいわれるような重要な事柄は、今でも会議室だけで行われているわけではありません。

愚痴をこぼして、楽して酒に酔っているわけでもないのです。多くの彼女や妻たちが「私と仕事どっちが大事なの？」と聞く場面に出くわしますが、多くの男性が夜にも大切な戦場にいることを知っている私は、この質問に腹が立つこともあります。

しかし、一方で日本の男性の皆様、こういう可愛いことを言ってくれる女性がいることに誇りを持ってはどうですか？

ある番組で壇蜜さんが「女性にとって『私と仕事とどっちが大事なの』という質問は、ファミレスで人数が確実に見えているのに何名様ですか？　と尋ねるのと同じ」と言っていました（正直、ヤラレタ！　と思いましたが同感です）。

その通り。「君だよ」と言ってくれる優しさと愛情を確認しているだけなのですから、彼女たちの面倒くさい愛情表現に付き合ってあげましょう。

そして彼女はこうも言っていました。「君に決まっているだろ。でも、仕事に励む俺ごと好きになってほしい」と。

男性の皆様、この模範解答を今すぐ練習することをおススメします。

女の本音

女性にとって最高の男とは「この人に抱かれたい」と思える男。女性は常に手あたり次第思っているわけではありませんが、一目見て、やっぱりセクシーな男の人っているんです。女性に「抱かれたい」と思わせる男性は、本当にモテる人。

私がこれまで出会った男性で、セクシーといえばダントツに、米国のクリントン元大統領とプロゴルファーのタイガー・ウッズ選手。

クリントンさんは、〝洗練〟という言葉がぴったりで、物腰も声も仕草も手つきも笑顔も、目配せもすべてにおいて完璧！　もちろんスタイルも驚くほど素敵で、スーツの上からでも滲み出ていました。

ほんの少しパーティでときを過ごさせていただいた私でさえこう思うのですから、日常で出会う機会のある女性は全員目がハートマークになって「抱かれたい！」と思うんじゃないかしら。

そして最高の笑顔と眼差し、美尻を持っているのがタイガー。彼の人懐っこい笑顔と瞳は、女性ならずともキューッと吸い込まれていくよう。

この二人は圧倒的に、セクシーという言葉がぴったりで「抱かれたい」と思う瞬間が少なからずあると思う。女性とのスキャンダルを含め色々な報道が取沙汰されたけれど、実物に会った私の見解では、〝女性が放っておかなかった〟んじゃないかしらと思いますね。

まぁ、私の個人的なここだけの話だけど、いい男はひとりの女では満足しないという当たり前のことを直に感じた二人との出会いでした。日本では……残念ながらここまでのポテンシャルを持つ男性にはいまだに出会っていません（失礼！）。

そう言えば、入ってきただけで空気が変わるようなオーラの持ち主、じっとしていても色気のある人といえば、一九九二年公開の映画『ひかりごけ』に主演された頃に何度もお会いした故・三國連太郎さん。彼は当時七〇歳前後だったと思うけれど、素敵な男性の色気をまとった俳優さんでした。

女性に嫌われる仕草

女性が、好きでもない男性に触られたくないのが髪の毛。これはお店でもそう。いきなり髪の毛を触る人は、女性に絶対嫌われます。また、ＴＰＯに合わせた服装ができない人も要注意。これは女性に恥をかかせますから、どうかお願いします ね。

ここで、私がお店の女の子たちに伝えている「べからず三十三ヶ条」の中で、男性のビジネスシーンでもお役に立てていただけるものを抜粋してご紹介しましょう。

1 腕を組む
2 椅子の背もたれに深くもたれる。ふんぞり返る
3 ゲップ
4 タバコを吸わない人の前で、煙突のごとく吸う
5 音をたてて飲む、食べる
6 食べ物をほおばって食べながら話す
7 時刻の質問に、正確に答えない
8 他人の批評をする
9 愚痴

10 相手の家庭のことを根掘り葉掘り聞く
11 肘をつく
12 口臭がある
13 質問されても答えない
14 返事をしない。あるいは、「はい」と言わず、「うん」や「はぁ」という
15 部下や社員に威張ったり、見下した態度をとる
16 相手が話している最中に脇見ばかりする
17 政治と宗教の話を話題にする

仕事ができるイイ男の陰に

珍しいかもしれませんが、この仕事を長くやっていると、お客様の奥様と案外親しくなることもあります。そこで思うのは仕事ができる人、部下から慕われる人の奥様は素晴らしい方ばかりだと実感することが多いということ。

たとえば、上司のお宅へ招かれたり、会社のイベントで社員の家族が会した際、奥様方を見て、がっかりしたり、逆に見直す、なんて経験ありませんか？

夫が昇進したり、成功すると、自分も偉くなったと勘違いする奥様が結構います。もちろん、妻の支えも夫の成功には必要ですが、同じように会社の援護や、上司、同僚、部下の助け、運など、いろんな要素があるものです。

私が今でも、「これが本当の内助の功だ」と感じてやまない方がいます。それは、以前私が会社勤めをしていた頃に上司だった方の奥様。失礼を承知で申し上げると、その方は、どちらかといえば目鼻立ちの整った美人というより地味なタイプの方でした。

取引先のお見合いで結婚なさったお二人。新婚当初ご主人は毎晩午前様。接待、麻雀、ゴルフと、数カ月にわたり、早い時刻に家へ帰ったことはない有様だったようです。しかし、慎ましい奥様は、どんなに遅くともご主人の戻りを待って、「お帰りなさい。お食事になさいますか、お風呂になさいますか」と聞き、「食べてきた」とご主人が返すと「では、私もこれから食べさせていただきます」と徹底した貞淑な妻ぶり。

　だんだん心苦しくなってきたご主人は「二〇時までに戻らなければ、食事をしなさい。二三時までに帰らなければ、眠って構わない」という約束をすると「はい。ではそうさせていただきます」とご主人の了解を得て、そうすることになったそうです。

　私が、この奥様と初めてお会いしたときのこと。熊本の小さな村の出身だった彼女は「お世話になります。お仕事のことも何もわからずに失礼いたします。私の故郷の食べ物ですが……」そう言って、出身地の名物であるお饅頭を手作りして持ってきてくださいました。

　そのお饅頭の無骨な見かけに、皆が多少戸惑っていると、夫である係長は「そんなもの、みんなは食べないよ」と悪そうに言いましたが、私が最初に「いただきま～す！」といって手に取ると、次々にスタッフも続きました。いただいてみるとそのお饅頭の美味しいこと！　今でいう熊本名物の「いきなり団子」という芋と餡子の蒸し饅頭ですが、ほんとうに美味しかったことを覚えています。

胃袋を掴まれた（！）私たちはそれからもしばしば奥様と会う機会を得ました。その後、ご主人は係長から課長へ昇進し、私は、リンドバーグの手伝いを本格化させていました。

そんなある年のお正月、接待ゴルフで課長が不在だったにもかかわらず、奥様の提案で同じ部署のみんなで課長の家へお呼ばれしました。すでにリンドバーグでの手伝いで、各地のおいしいものが手に入るようになっていましたので、大きな大間の鮪を片手にお邪魔しました。

と、騒いでいるところへなんと課長が早々と帰ってきたのです。ゴルフ後の麻雀が正月で人数がそろわず、解散になった、と。最初は驚いた課長でしたが、夜遅くまで楽しい時間を過ごしました。

そして、その日も「買い物に行かれなかった（正月なので店が開いてない）ので、ありあわせしかないけれど……」という言葉が嘘のように、次から次へと愛情たっぷりの家庭料理を振る舞ってくださったことを楽しく今でも思い出します。うるさくて、若い、夫の部下の私たちの話を笑顔で静かに聞く姿が印象的でした。

新婚当初は、家に帰らず亭主関白だった課長も、部長になるころには、私の店に来ては「妻に頭が上がらない」とたくさんのエピソードを聞かせてくださいました。いうまでもなく、その方は、どんどん出世されて、役員になられた後、関連会社の社長を勤め上げ、無事に退職なさいました。

（当時の）課長が、私たちとの交流後、奥様とどのような関係だったかは明らかです。部下の面倒見がよければ、必然的に女性の面倒見もよい方が多い。奥様や家庭を大切にしていますから、奥様も全面的に旦那様のよきサポーターでいられるのです。

「三歩さがってついてくる」とか「三つ指をついて、お見送りする」とか、そういう古い価値観を、今、押し付けたいとはまったく思いません。

でも、夫の仕事のことに口を挟むのは間違いです。持論を展開するなんてもってのほか。男の世界がわかっていませんよ。また、夫やパートナーが不遇になったときに、被害者面する女性だけは絶対に選んではダメですよ。

そして、あなた自身も、上司や社長、権力者の奥様をちやほやするような行動を慎むように。ちなみに、これに当てはまらないのは、政略結婚で冷え切った夫婦や、互いを見向きもしない人なのであしからず。

逆に、自分の地位や肩書をひけらかす男性の奥様は、同じように「肩書き」が大好き！〝類は友を呼ぶ〟というのか〝腐ったみかん〟というのか、夫婦やカップルはだんだん似てきます。男性のステージが上がれば女性もそれに伴ってきます。もちろん、その逆も。

あなたが女性を大事にすれば、向こうだってきちんと返してくれるもの。まだ結婚されていない方は、必要以上に出しゃばらず、遠慮深い、人の気持ちがわかる優しい、そして頭のいい女性を選ぶことをおススメしますよ。

困ったら、私の店に来んしゃい。力量を計ってあげるから。

女性の「きれい」を調教する

突然ですが、奥さんや恋人にいつまでも綺麗でいてほしい、と思いますか？

それとも、夫や恋人であるあなたがいるのだから、他の人に綺麗な姿は隠しておきたい！　と思いますか？

とはいえ、どんなに嫉妬深い男性でも、傍にいる女性にはいつまでも美しく輝いていて欲しいと思うでしょう。「恋をする」って女性に使う言葉のイメージが強いようですが、私は男性の恋心っていいな、と思いますね。

「夜、眠りにつくときに大切な誰かの顔が浮かぶって本当に幸せだ」と言ったお客様がいますが、こんな大人の恋愛や関係をいつまでも保ちたいと思います。

過去に私のパートナーだった方は、自身がとてもお洒落で、頭の先からつま先までとても洗練された男性でした。

そんな彼は、時々、昼食時に突然電話をかけてきて、「和子さん、食事をしようよ」と誘ってくれます。そこに、まさか女性への教育が隠されているなんて考えも及びません。

当時の自宅からは天神・博多をはじめ、中心街から近場の郊外までなら、タクシーで大抵一五分前後で着けるような場所でした。決まって彼が指定する時間は、電話からおよそ三〇分。自宅にいても手が離せない場合は身なりを整えて出かけるだけでも三〇分を超える場合があります。そんなときは「急がなくていいよ。またにしよう」と電話を切ります。もう、おわかりですね。

彼は、いつもすぐに出かけられるように綺麗に自分を整えておきなさい、と言っているのです。家事があっても、せめて髪を整えて化粧くらいはしておきなさい、と。

確かに、家事をするために綺麗な服装をしているとエプロンをしていても、水がばしゃばしゃ飛びはねて濡れてしまいます。しかし、綺麗な服装をしていれば、そこに水がはねないよう、注意した所作は、ひとつひとつがエレガントになる。もちろん、よそ行きの服で家事をするわけではないけれど、咄嗟のときにもすぐに出かけられるように女性として整えておきましょう、ということなのです。

それからの私は、いつ、彼からの誘いがあっても食事へ出かけられるように、気を付けたものです。頭ごなしに「こう、しなさい」というのではなく、やんわりと女性を教育できる男性のテクニックが、また一段と女性を美しく変身させていくのです。

もちろん、嫌味にならぬよう、男性も自分自身を律しておくことも大切ですけれどね。

旦那様と女房の美しい姿

以前、『中洲村から』というテレビに出演していた頃、視聴者からの悩み相談を電話で受けるコーナーがありました。

そのときにある人が、旦那様の愚痴を言いました。それを聞いた私はとても腹が立ってしまって、テレビということも忘れて言ったのです。

「男性というのは一歩外に出たら七人の敵がいるものなの。疲れて帰ってきたときに女房がグチグチと文句ばかり言っていたら、疲れを癒すことなく、次の日も働きに行かなくちゃいけなくなるでしょう。旦那様が外でどれだけ頑張っているか知りたいなら、いっぺんウチのお店に働きにきなさい。旦那様がどんなに大変かがわかるから。その旦那様が疲れて帰ってきて愚痴を言うなんて、あなた、妻として失格よ。

新婚のときを思い出してごらんなさい。新婚のときは、旦那様より早く起きて、お化粧もして、ご飯もつくって『あなた、行ってらっしゃい』って見送っていたんじゃないですか? 今、あなた、どんな格好をしていますか? 毎朝お化粧して、身なりを整えて、旦那様を見送っていますか? してないでしょう? そんな女に文句を言う資格はないわよ」

この放送後の反響は賛否両論だったのですが、番組のプロデューサーから、「和ちゃん、これ、読んでみたらいいよ」と言って一通の手紙を渡されました。

〈先日、掃除機をかけていたら、テレビで藤堂さんが話すのを見て、掃除機のスイッチを切って、ジッと聞き入りました。藤堂さんがおっしゃっていた通り、私は主人に文句ばかり言っていました。結婚して一〇年が過ぎ、主人も新婚のときのように私に時間を割いてくれなくなり、子どものことも私に任せっきりで、『私ばっかり』って思っていました。

藤堂さんのお話を聞いて、自分のことを棚にあげていること、そして、主人との関係を悪くしている原因は私にあることに気がつきました。結婚した当初は、主人のために、一生懸命努力をしていました。でも、だんだん時間が経つにつれて、主人が自分から離れていくような気がして、その怖れから、主人に八つ当たりしている自分に気がつきました。これから、初心に戻って、主人を支えたいと思います〉

と、四ページにわたって反省と感謝が綴られていました。さらに半年ほど経ったある日、また同じ方からお手紙が届きました。そこには、

〈あれから、初心に戻って、新婚のときのように、早起きして身支度を整え、朝ご飯をつくって、主人を見送っています。文句を言いたいときもグッと我慢して、一方的に言いたいことを言うのではなく、主人の話もしっかり聞くようにしています。

そうしたら、主人がとても優しくなりました。全部、自分の責任だったと、身をもって理解することができました。藤堂さんのおかげです。これからも主人の

妻として、妻業を全うします。本当にありがとうございました〉

とありました。本当に嬉しかったです。今、思い出しても涙が出ます。

断っておきますが、男性はまったく悪くない、妻を教育しなさい！　という話をしているわけではないのよ。夫婦も、互いに初心忘るるべからずということです。やってもらっていることが当たり前じゃないんです。ときには照れくさくても、奥さんに感謝を伝えてみてもいいのでは？

人は、簡単に変わらないもの。相手を変えようとするのでなく、自分を少しだけ変えてみてください。きっと、世界が変わっていくはずだから。歳を重ねて、もう、あなたに色気も地位も何もなくなったときに一緒にいてくれるのは、奥さんだけなのだから。大切になさい。

不毛な恋愛は不倫と同じ

不倫とは「結婚制度（一夫一婦制）から逸脱した男女関係、すなわち配偶者のある男や女が配偶者以外の異性と恋愛し、性交を行うことを指して用いられる」と辞書にはありますが、でも、それだけではないと思うのです。

独身男女がいて、お互いが結婚する気もないのに、ズルズルと関係を続けているような不毛な恋を続ける二人も「不倫」ですよね。

付き合ったり別れたり、ときには新しい彼氏や彼女ができようとしているのに、会えば男女の関係に戻るような二人っているでしょう? 確かに、新しい恋が終わって、誰もいなければ昔の相手に戻るのが一番簡単です。自分の欲望を心身ともに満たす部分を持っていて、ぬるま湯につかるような、掃除をしなくてもいいような、そんな緩い関係をスッキリしないのに続けてしまう。不毛な恋愛ですよね。実りがないもの。

それに、女性は新しい男がいると昔の男には戻らないけど、男は戻る。そんな可愛い男性は、女性にとっては拒めない。男性の方が純情で単純ですから。

最近は、結婚しない若者たちが多いようですが、気になるのよね。いつまでも独身でいるのって。何につけても、私は世話やき婆です。放っておけないの。こんな私だから、どこからともなくさまざまな相談が入ってくるし、「ああして欲しい、こうして欲しい」「こんな人は知らないか」となってくる。実はあまたのカップルを誕生させてきた「仲人婆さん」という事実。

前述のように不毛な恋愛で、若い時間をズルズルするのはもったいない。人生を他人とわかち合う楽しみと豊かさを経験してほしい。……というと「だったら、世話してよと」いう流れに。

もちろん、人にはたくさんお会いしていますし、四五年の中洲キャリアから、〝このタイプはこのタイプが好き〟なんてわかってきちゃう。そして最近、特に成功率は上がっている（笑）。

みんな、ぶりっ子していて地を隠しているけれど、結婚したら、バレてしまうんだから、「構えずにいきましょうよ」ってこと。重要なのはお互いの〝許せる場所〟と〝譲れない場所〟がどこか。それだけ。これまでで、一番の年の差カップルは、三三歳と六三歳の三〇歳差。

六三歳の男性は長年のお客様で、離婚した後、子どもが奥様の籍に移ったことを受けて、自身にも子どもが欲しいと望まれていたこと。三〇歳の女性も、銀座にお勤めだったけれど、結婚・出産を望んでいました。うまくいって、今や二人の子どもがいてとても幸せに暮らしています。最初は周囲が三〇歳も違って大丈夫かと心配していました。紹介するときは自信があった私も、少しは心配でした。でも女性は現実的だし、彼女にかかれば「うちの主人は子どもっぽい」って。のろけています。

三〇歳の年の差でもそうなるって不思議ですが、家庭に入れば女性はより強く懐深くなるもの。彼女は銀座も忘れて、ご主人のほうも、うちの店には来なくなりました。

……それって、両方にとって損じゃないの！　不動産屋と同じで、紹介料を取らないかんね（笑）。残念ながら、この本での募集はしておりませんのであしからず。

バレる男

なぜ、男性の浮気はバレやすいか知っていますか？

生物学的に男性は本来子孫を増やし、女性はそれを守る役割を持っています。外敵や病魔から子どもを守るという役目を担っている女性は、日常の些細な違いを見分ける〝第六感的才能〟に長けているのだそうです。そして、この点においてちょっと間の抜けた愛すべき男性は、浮気をしているときは男としての自信がアップしているので、いつもと様子が違うというわけ。

たとえば、煙草の吸い方ひとつ、ソファへの座り方ひとつ、奥さんや彼女への髪をなでる仕草ひとつ……。これに、女性は〝何かが違う……〟とピンとくるというから不思議ですよね。その違和感を浮気と疑うかどうかは、日ごろのアナタの心がけ次第（笑）。

さらに、悪いのが〝カマをかける〟のがうまい女性に対して、自分に不利な疑いをかけられたときに、図星だと怒る男性がほとんどであること。〝怒り〟という行為は男性にとって損する感情ですね。逆に浮気をしていない＝モテてない男性は「うるさい彼女の愚痴が始まった」とシラケたり、むしろちょっと喜んだりする。

いずれにしても男性の些細な違いやアピールは、女性に見抜かれていることがほとんどなので、女性を騙すというのは至難の業。浮気を指摘されたとき、その相手とこれからも続けたいなら徹底的にしらを切ることをお勧めします。知らぬ存ぜぬを通せば女性は「仕方がない」「可愛い人だ」「私を選んでくれたんだ」と、折れるしかなくなりますよ（笑）。

ただし、人としてやってはいけない浮気は、相手の一番身近な人に手を出すこと。ルールは守って可愛い浮気をしなさい！

それからひとつ気を付けたいのが、女性の浮気。女性はうまく感情を隠すので、逆にノホホンとしてると、後で痛い目に遭うからご注意を。

愛人を選ぶとき

男性なら、浮気のひとつやふたつ……とは一時代前の話でしょうか。いえ、今でもあるでしょう？　ただし、遊びだろうが、本気だろうが、選ぶ女性には気をつけなくてはいけません。

結論からいうと、〝ブス〟は絶対に選ばないこと！

ただし、私のいうブスというのは〝いつもぶす〜っとしている〟女性のこと。どんなに美形でも目に輝きがなく、笑顔がない子はダメ。少しキュートな顔だちをしていても、笑顔と愛嬌があれば、モテる。むしろ、単純な美人よりそのほうがモテる。だって、美形の美人は三日で飽きるでしょ。でも、笑顔や仕草が魅力的で愛嬌があると一緒にいても楽しいし、美しいと思えるもの。さらにモテる女性はイイ女に成長していく。ポジティブスパイラルです。

一方、モテない女は別れるときに本当に大変。あることないこと取沙汰されて、一方的に男性が悪くなったり、逆上されてしまったり。モテる子は次がすぐ見つかると思っているし、気持ちのいいプライドの持ち方をしていますから、別れると決めたら、それはそれは淡白なものだったりします。男性がガックリくるくらいにね（笑）。

いい顔（表情）の女性を選べない男は、自分もいい顔ができていないときかもしれませんよ。

愛がある男

恋愛は人を成長させるものです。恋愛というのは始まりがあり終わりがくるもの。別れがあるから始まります。そこで成長することも多いことでしょう。

簡単にいうと、〝恋多き人は素敵な人が多い〟ですね。相手のための別れも経験しているから優しくなれたり、思いやったりすることができる。

実は結婚をした後でも、本当の「恋」に巡りあってしまう人、いるんですよね。

だけど、普通は不倫か浮気でさようなら。でもこれが〝愛のある〟「恋」だとしたら。

妻子あるお客様が、ある若い女性に恋をしました。当時女性は二〇代前半。お客様と若い女性の浮気、そう思っていました。でも、数年後、彼女が二七歳のときに、男性は自ら別れる決心をしました。それは「本当に愛した相手だったけれど、これ以上私と付き合っても、彼女を幸せにすることはできない」という理由で強く決心をされたこと。

女性は若かったし、別れを嫌がりひどく傷つきましたが、大きな会社の重要なポジションの彼はやはり今の家庭を崩して彼女との幸せな未来を選ぶことはできなかったのでしょう。その後、女性は別の方と結婚して家族を持ち、幸せに暮らしています。

そのときに、花嫁道具としてお仕度を男性が買って出ました。これが良いとはいいませんが、彼なりの愛おしい彼女へのできる限りの祝福だったのでしょう。相手の幸せを考えられた彼を、本当に尊敬しています。

酒を味方につける

お酒をこよなく愛し、ウィットに富んだ会話で女性たちの心も掴む素敵なお客様。あるとき、彼は病におかされ、食事制限だけでなく、お酒も一切飲めなくなってしまいました。

それでも、退院復帰後は時々お店に顔を出して、フェイクのロックグラス（ウーロン茶入り、氷は丸氷）を置いて、楽しそうに私たちとの時間を過ごしてくださっていました。そんなとき、彼が言ったんです。

「お酒は最高の媒体だよ」と。

「え？　先生、どういう意味？」と私が聞くと、

「仕事でも、食事でも、女性でも、イントロを演出してくれるのは、お酒しかないんだ。お酒一杯が入ると、恥ずかしさが少しだけなくなり、伝えたいことをきちんと伝えられる。お酒の席で成立した仕事も数知れないよ。

それに、お酒は食事をより美味しくしてくれることに、病気になってから気がついた。フレンチやイタリアンにはワインだったり、和食には日本酒だったりね。食べ物だけで、本当に美味しいものを出すお店は少ないんだ。でも何より、お酒が飲めなくなって一番困っているのは、女性を口説けなくなったことなんだ」

「え？　どうして？」

「学生時代にお酒を始めてから、女性を誘うときに、素面だったことは一度もなくてね。それが初めて出会った女性でも、長い付き合いの女性でも幾分かのお酒が入るからできたんだ。酒は理性を少しだけ緩めてくれるだろう？　だから女性が喜ぶような歯の浮くような台詞も言えるようになる。でも、相手がお酒を飲んでいて、こちらが素面で面と向かって口説くなんてのは、どうしてもできないんだよ。だから、女性を口説くチャンスがめっきりなくなってしまったよ（笑）」

そう、おっしゃったのです。食事は、酒があることで旨さが増すし、酒の席だから女性を口説くこともできた。酒とともに、食事もプライベートも至福の時間を過ごせていたことが今ならわかる、失って初めて気づくのが、「酒のない世界はとても味気ない」と。

だから体を大切にして、おいしく酒を飲める幸せを噛みしめなさい、という意味だと、私は今も、その言葉を胸に刻んでいます。

きっと、人生を愉しむために、お酒の力を借りている人は、少なくないはず。そして、もう一つ、彼が言ってくれて本当に嬉しかった一言。それは、

「だからね。和子さんのようなお仕事をしている方は、私たち男性にとっては天使なんだ」と。

私の名前を呼ぶ彼の声がとても好きだった。今も、先生がおっしゃってくださった「天使の仕事」を、変わらずさせていただいています。

第四章

金と運に愛される男

「人が幸福になるか不幸になるかは、その人の財産や名声や職業が決定するのではない。そうしたものの受け取り方が問題なのだ。同じ場所で同じ仕事をし、名声も財産も同じような二人の人間がいても、一人は幸福で一人は不幸だ。理由は精神の持ちようが違うからである」

これはアンドリュー・カーネギーの言葉です。

お金というのは本当に不思議。人を不幸にもするし、幸せにもします。

日本人は「お金儲け」を、どこか汚いもののように扱う人が多いのですが、お金儲けはとても面白いし、原理原則がよく見えるもの。

私が四五年間中洲にいて、お店で見てきたお金と人のドラマを紹介するとともに、成功に欠かせない「運」というテーマについても触れていきたいと思います。

会社のお金を活用する

航空スタンドバー『リンドバーグ』を始めたころは、明日を夢見る若いお客様がたくさん見えていました。

ある大手石油会社に勤めるその方は、当時ガソリンスタンドの店舗の現場でスタッフをしていました。新人で現場実地勤務を命じられましたが、彼にとってスタンドという現場は、毎日ガソリンと汗まみれの場所。アルバイトの男子高校・大学生を中心に「大きな声で挨拶をする」こと、「ガソリンを一円でも安く、鎬《しのぎ》を削る」こと以外に、他店との差をつけるにはどうしたらよいか、毎日仕事帰りにお店に来ては悩んでいました。

そこで、私の性格が災いし、「悩むなら、大胆なことをしなさいよ！」と他の常連さんと一緒になって、勝手に彼の店舗のプロモーション計画を酒の肴に、あでもない、こうでもないと大盛り上がりしました。

その中で私が最も勝算があると思ったことは、「他店より美人を集めて日本一美人だらけのガソリンスタンドにする（もちろん素敵な衣装付！）」ということ。当時、他店ではやっていなかったし、男性も女性もモデルのような美人には弱いでしょ？　その場の雰囲気は大いに盛り上がりましたが、しかし、実現化するのは誰もが難しいと思っていました。特に本人が。

そもそも、当時のガソリンスタンドは現代ほど清潔で整えられた場所ではありません。男だらけで一日中日差しとガソリンとの戦い。汗まみれで埃っぽい現場に容姿端麗の美女たちが集まってくれるなんて想像がつかない。仮にあらわれてくれたとしても、男性が着るぶかぶかの〝ツナギ〟じゃ色気がない、大体ガソリンを入れられるのか……と前途多難。

「やっぱり無理だな」という彼に、〝美人を集めたいなら時給を上げて可愛い制服を！〟〝男性客を集めたいならミニスカで〟と焚き付けました。今考えれば、私の意見は真の現場を知らないから言えたことなのかもしれません。

でもそこからの彼は凄かった。「なるほど！　これからは、ガソリンスタンドではなく、車がたくさん集まるモーターショーの明るいイメージですね！」と急に目の前が開けたと言って、毎日会社に掛け合い、彼の努力と覚悟に折れた上司からようやく承認を取り付ける形で、当時時給六〇〇円だったアルバイト店員の時給を、破格の一二〇〇円にして、可愛くてスタイルのよい女の子を採用、ユニフォームも可愛くキュートなものを作ったのだとか。はるかに私の想像を超えたものになっていました。

そして結果は……。彼女たち目当てに噂が噂を呼び、売上はこれまでの三倍に！　それからの彼は、アイデアと推進力で快進撃を続け出世街道まっしぐら。いつの日か専務に昇進していました。

アイデアは酒の肴だったけれど、見事に自分の日常に落とし込んで具現化させていったのです。頭角をあらわす男性は、チャンスを逃さず大きなチャレンジをしていると思います。

私流　お金の使い方

昭和五一年に『リンドバーグ』を新ビルに移転して五年ほど経った頃、私は前にお話しした儀貝さんこと、ガイさんに「『リンドバーグ』の日々の出来事を綴った雑誌みたいなものを作りたいんだけど」と相談しました。彼は「〝雑誌三号〟といってね、続かないよ。三号で終わってしまうのがほとんどなんだ。それに金がかかる」

私にはそのとき、一〇〇〇万円の貯金があったので、「一〇〇〇万円なら用意できます」と言うと、「それだけのお金、店の将来のためにとっておいたほうがいいんじゃないか」と心配そうに言いました。

この一〇〇〇万円の使い方を考えたのは、母が時々、独り言のようにつぶやく言葉がきっかけでした。

「長い間、水商売をやってきたけど、手元に残ったのは少しばかりの宝石とシミの付いた着物だけ。私の人生ってこれだけなのかしら」と。

これをきっかけに、私は自問自答し、たどり着いたのが、自分のお店『リンドバーグ』の日々の出来事を記録に残すということでした。そのことをガイさんに伝えると、「いいな。気に入ったよ。一緒にやろう」と言ってくれました。

こうして、昭和五五年一月に月刊誌が創刊されました。大きさは当時の航空会社のタイムテーブルと同じポケットサイズで、ページ数は全五八ページ。表紙に大きく「LINDBERGH《リンドバーグ》」と印刷され、その下に「本格的月刊ミニミニ〝酒場の手帖〟」とうたってありました。

ページをめくると、私がインスタントカメラで撮った「酔客酔態（すいきゃくすいたい）」のスナップ写真や、「中洲人生模様」と題した私と著名人との対談など盛りだくさん。

号を重ねるごとに雑誌『LINDBERGH』は話題になっていきました。お店にも、東京を中心に、県外から足を運んでくださるお客様が増えました。雑誌がひとり歩きし、お店の広告になったのです。

やがて私の貯金も底をつき、『LINDBERGH』は一年で廃刊になってしまいましたが、ガイさんの協力もあり、半年後に隔月発行という形で出すことにしました。誌名も『LINDBERGH』から『中洲通信』へ変更し、内容も店内のことだけでなく、全国に視野を広げて編集しました。

「雑誌三号」という呪いの慣用句に、負けず嫌いの私は「だったら三〇年続けてやる」と啖呵を切ったのでその言葉通り三〇年続け、二〇〇九年一月で終刊としたのです。

毎月、百万円を超える赤字、総額二億円をつぎ込んだ雑誌でしたが、『中洲通信』のおかげで、私はお金に換えられない、多くの出会いを得ることができました。

私の母は「洋服は、欲しいと思ったときに、すぐ買いなさい。そのために貯金をするだとか、いろんな言い訳をして先送りすると、お金が貯まったころにはそれが似合わなくなっているから。私はそうやって欲しいものを手に入れてきたから、なにも思い残すことはない」と常々言っていました。私は物欲がさほどなかったし、形があるものは残っていないかもしれないけれど、『中洲通信』が「中洲人生」を彩ってくれたことはいうまでもありません。

目に見える物の価値をお金で支払って手に入れるのは簡単ですが、目の前にない価値を未来に見出して、お金を払うことも夢があるんじゃないかしら。

粋な男の飲み方とマナー

あなたは、気に入ったお店やお気に入りの女性がいるお店に、どのくらいの頻度で通い、どのくらい滞在していますか?

私のお店では昔、小さなカウンターひとつで一〇人も入ればすぐいっぱいでした。長居する人は「次の人に席を譲って!」と追い返したものです(笑)。

今では航空スタンドバー・リンドバーグもクラブ・ロイヤルボックスも一度に

入るお客様の数が少し増えましたので昔ほどではありませんが、それでも飲み方には品性があらわれるものです。

確かに、お店の売り上げだけを考えれば、しょっちゅう来てくださって、際限なくカードを切ってくださるお客様が「素敵」なのかもしれません。でも私のお店では年に一～二度だけお見えになるお客様の中にも「素敵」で店のスタッフの記憶にも残る方がおいでになります。

なぜかというと、この方は本当にこちらも気持ちよくなるような粋な飲み方をされるから。おそらく、お使いになる金額の上限はご自分で決められており、「ここまで」という線引きを明確にお持ちです。席についた女性へも「なんでも好きなもの頼んでね。でもシャンパンは、モエまでにしてね」と銘柄指定で潔い。

お客様の中には、座った女性に「なんでも頼んでいいよ」と言っておいて、ワインやシャンパンを頼むと眉をひそめる。「なんでもいいよ」は「俺の気に入るものにしてね」と案に気を遣っているふりをして、相手に気を遣わせている男性がかなり多いものです。

デートでもそうですが、「なんでもいいよ」って困りますよね。範囲をしっかり伝えて、あとは気持ちよく自由に過ごす。毎回、お財布の紐を気にしてチビチビ飲むよりも、一年に一度、気持ちいい飲み方をしてはいかがでしょう。

気に入った子がいる店にはオープン直後から閉店までとか、三〜四時間は当たり前……だったら、出世からも人生の勝者からもすべて遠のいていきますよ。すぐにおやめなさい。

また、暇な店で最後の一人になったとき、帰り辛い経験をしたことがありませんか？ 暇な店のスタッフは「もう少し飲んで欲しい」「次のお客様が来るまで」と一人のお客様をなかなか帰さない心境に。ですから、店側も適度な時間でお客様を帰す＝解放することを覚えなくてはなりません。これには「愛」が必要ですね。仕事は忙しい人のところに集まり、お金は動くところに集まります。

お互いに疲れない短い時間で、後ろ髪を引かれるくらいの距離感が結局は次につながり、人と仕事、ひいてはお金が集まるところへと成長していくのです。

男の見栄

私が若いころ、デートの際に女性が支払うということは、あまりなかったように思います。昔は、必ず男性が払っていたから。男の人がどんなに安月給でも、女性に払わせるという習慣はありませんでした。だから、女性に財布を渡して払わせるお金持ちがいたり、サラリーマンは質屋通いをしたりしていました。自分の腕時計を質に入れて、次の給料日には時計が戻ってくるとかね。時計は自分の腕に付くよりも、質屋に置いてある時間のほうが長いんじゃないかしらっていうくらい（笑）。

男性は誘う以上は、男が払わなきゃと思っていたし、それが〝男前〟の象徴と思われていました。もちろん、今みたいに誰とでも簡単に二人きりで食事をしたり、軽い関係というのが少ない時代でしたから、誘うにはそれ相応の意図があったということなんでしょうが。

四〇年昔、私がある方とデートしていたとき。「何時？」と聞いたら、彼の腕に時計がなかったことがあったの。そのときは忘れただけだと思ったんだけれど、それからも何度かあって。あんなに大切にしていた時計をなくしたのかと思って心配したけれど、いつの間にかまた腕に付いていた。「あぁ、そういうことだったんだ」って後で思いましたね。

見栄っぱりかもしれないけれど、そういう男はチャーミングじゃない？　だから、どこまでも男性を立てて、陰で支えていく女性像が私の憧れだったころ、旦那の財布に二千円しか入ってないとき、そっと三千円を入れておいてあげる女房になろう！　と決めていたこともありました。

最近は割り勘が多いし、「持っているほうが払えばいい」という考え方の男性も多いみたいね。個人的な意見だけれど、女性に払わせるということがない男性のほうが素敵だと思います。最近は、上司と部下でもご馳走した挙句、〝セクハラ〟って言われたりして、割が合わなかったりすることもありますから、難しい時代ですよね。

男性のほうがロマンチストで女性のほうがドライだし。誘うほうが払うということであれば、女性が払ってもいいかもしれないとも思いますが、なんだか淋しい気がしてしまいます。お金の払い方使い方にも、品格やチャーミングさがあるということ、男の見栄も忘れてほしくないものです。

有事と平時

やっぱり男の人って頼りになる、と身に沁みて感じるのは、有事のとき。東日本大震災後に、離婚したカップルが多いのも、結婚したカップルが多いのもそれが関係しているんじゃないでしょうか。

私にも同じような経験があります。あれは、昭和四五年の八月のこと。私のお店が入っているビルが火事にあいました。店の慰労会で県外に行っていたので、お店の子がみんな無事だったのは不幸中の幸いでした。でも、あの黒くすすけたビルと焼け落ちたお店は、今でもはっきりと覚えています。火事の原因は隣接した飲食店の店員の寝たばこではないかといわれていましたが、はっきりしたことはわかりませんでした。途方にくれていると、調査に来た保険会社の人がこう言ったんです。

「柱が残っているから全焼ではありませんね」

「そんな！　柱が残っていても、使えるものは何もなかじゃないですか！」

私は懸命に反論しましたが、取り合ってもらえません。どうしていいかわからず、数日が経った頃、今度は保険の査定員がやってきました。それが、なんと、お店によく来てくれるIさんでした。Iさんは、私の顔を見ても何も言わず、しばらく焼け落ちた店内を見回ったあと、私にこんな質問をしました。

「そこの棚にはジョニーウォーカーがたくさん並んでたよね」と。

でも、当時、うちの店に置いてあるのはほとんどがサントリーホワイトで、そんな高級ウィスキーは数えるほどしか置いていませんでした。私が返答に困っていると、Iさんはさらに、

「カティサークもあったな、それからオールドパーも……」と、高級酒の名前を

次々にあげ、「在庫も相当あったはずだ」と独り言のようにつぶやきながら、調査票に書き込んでいきました。「クーラー、冷蔵庫もいいのがありましたね」と書き込み、「ただし、保険が全額おりるとは限りませんよ」と言って帰っていきました。

後日、Iさんのおかげで保険は満額おりることになりました。

また、店が焼けた翌日、お客様に店休をお伝えするために、私はお店の入り口でテーブルに「謝・火事見舞い」と書いた紙を貼って、五～六時間その後ろに立っていました。すると、そこへ常連客のMさんがやってきました。

「あれ、ママ、こんなとこでなんばしよーとね」

「Mさん知らんと？　店、火事にあったとよ」

私がそういうと、彼は黙って給料袋を開け、新札の五千円札をサラッと出して「これ、お見舞い。大変だね」と言ってくれました。当時のMさんの月給はたしか五万円くらいです。その十分の一をためらわず出してくださった心意気に涙が出ました。

あのとき、Iさんや、Mさんをはじめ、本当にたくさんの方が心配し、助けてくださいました。災難ではあったけれど、このときの体験が後の私の力なったことは間違いありません。

そして、平時のときや、お祝い事はもちろんですが、誰かが、災難やご不幸があったときこそ、できることがあると、身をもって学ぶことができました。有事のときこそ、人となりがあらわれるものです。前出の保険の話も、現在ではできることではないと思いますが、こうした人の手助けで救われ、人の情けを実感できた良い時代だったのかもしれません。

お金に好かれる人、嫌われる人

あるとき、宮崎のお客様とご一緒した競艇で大穴を当てたことがあります。なんと、五万円が四〇〇万円に！　いわゆるビギナーズラックです。

文字通りのあぶく銭。自分だけに残しておいてはダメだと、そのお金で、一緒にいた全員に大盤振る舞いしたことを覚えています。まずは、夕食、二軒目の飲み屋、タクシー三台での移動、五万円ずつみんなにお小遣いを渡して散々使ったけれど、それでも三〇〇万円以上は手元に残ったかしら。

確かに、なんの苦労もなく、一攫千金となったわけですから、ここに快感や興奮を感じて味をしめてしまう人の気持ちもわからなくはないけれど、こんなことがそうそうあるなら苦労はしません。

そのとき、「和子、こげんことは、二度となかよ」と、自分に何度も言い聞かせたものです（笑）。それから一度もしていません。引き際が大切だと思うから。

苦労せずに得たお金でついつい浪費して消えていった経験があるのなら、それは、あなたが身分不相応のお金を持ったことで、「お金から選ばれなかった」から。お金も大切に使われる人のところへやってきてとどまります。

お金から好かれる人は、目標よりちょっと高めの、少しずつ大きなお金を手にしていき、財産を増やしていくのです。

だから、株や投資で一足飛びに手に入ったお金もそう。投資のプロや資産運用を計画している人を除いて、知らないうちに増えるから、知らないうちに失っていく。苦労や努力をして得ていないから、お金がなくなったときの恐ろしさもあまりない。こうなると人間は自分に甘いから、区別がつかなくなっていくでしょ。

他人の懐、他人のお金は人を勘違いさせるものです。身近でいうと会社で使う備品や出張費、交際費は少しくらい多く使っても平気……小さな綻《ほころ》びの始まりだと戒めましょう。

もちろん、会社の大きなプロジェクトや、スポンサー有の事業を成功させることほど難しいものはありませんから、しっかりやり遂げましょう。またその能力があるなら、女性に貢いでもらうもよし。だけど、お金を過信しないように、くれぐれも気をつけて。

感謝のないお金は、循環しない。

儲け話の正味な話

事業がうまくいくいかないは、ある意味、博打と共通項を見出せます。勝つか負けるか、当たるか当たらないか。……では、どうすれば〝負けないか〟はとてもシンプル。自分の持てる力をどの程度で使い、考えていくのかということです。

自分の力が一〇のときに、五でやって五の余力を残すか、一〇やってしまうか。ただ、それだけのこと。

他人の褌《ふんどし》で相撲をとる、という言葉がありますが、自分の褌がないのならそこで止めておけばよいのに、他人の褌を出させて使い、ちゃっかり自分の目的を達成することを意味します。

その最たるものが、儲け話や投資の話。

先のことを考えず口車に乗せられて、失敗するのは当然でしょう。

私のところにも、しょっちゅう儲け話や投資の話がきます。「儲け話」には一切乗らないけれど、昔からのよしみや、どうしても応援したい場合は、自分の力の一割ほどでなら協力することもあります。

でも、ご想像通り、人の話に乗ってうまくいった試しがない。あるとしたらそのうちの一割以下でしょう。

そもそも、「儲け話」なんてこの世に存在しないのよ。本当に儲かるなら、他人に言いますか？　必ず当たる一億円の宝くじをわざわざ何人かとシェアしますか？　誰にも言わずに一人で儲けるでしょう？

そう考えると、他人から受けた儲け話には、あくまで冷静に自分を大きく見せないこと。それでも、あなたが、個人の判断で話に乗るとしたら、自分の力量を見誤らず、あくまでプールできている遊び金の範囲で受ける以外はありえません。自分の全財産を投げ出すなんてもってのほか。ケチと言われようと、断るところはキッパリとね。また、親、兄弟以外の借金も絶対にＮＧ。お金が必要なら銀行から借りること。個人からお金を借りるのは恥だと思いましょう。

そして、断る側の辛さを考えてみてください。もちろん、飲みに行って「ごめん、五〇〇〇円貸して、明日返すから」みたいな可愛いのは別よ（笑）。

お金に翻弄されるなかれ。柳の下に、どじょうはいつもおらんとよ。

収入にあった絵を描けるか

私たちのように日銭が毎日入ってくる商売もあれば、大きなものを動かして金額の単位が非日常な商売もあります。業種業態によっては、今月と来月、今年と来年の収入に、想像もつかない差があることは少ないと思いますが、どんな仕事をしていたとしても、今の自分の立ち位置を認識し、今の「絵」を描けなければダメです。

一〇〇〇万円稼いでいるなら「一〇〇〇万円の絵」、一〇〇万円なら「一〇〇万円の絵」、一〇万円なら「一〇万円の絵」。過去にどれだけ稼いでいたのかは問題ではありません。今のあなたの話をしています。

過去の栄光の話ばかりする人は今の絵を描けず、人に迷惑をかける見栄をはり、虚構の中で生き続けて、我慢ができない人。こんな人はすぐお金に飽きられてしまう。お金だって、きれいに使う人のところへ行くんですよ。

先ほどの収入にあった絵が描ける人は、必要な見栄と我慢をしていて、そういう人は大抵、描いた絵以上の現実を手に入れています。ここでいう我慢とは理性のこと。今日使える金額、今月使える金額が頭に入っていて、身分相応に計算ができている人ばかりです。案外そんな人は一〇円にも厳しいものですよ。

失敗している人は、みんな脇があまい。前述した通り、急な成功で大きなお金を手にすると、みるみるうちに、文字通り湯水の如く、すべてを使ってしまう人がいます。金銭感覚も鈍ってしまって、会社のお金も、人のお金も、自分のもののように感じてしまう場合があるから怖い。お金を大事にしていない、ということがこちらから見ていても痛いほど伝わってきます。

本当に成功し続けている商売人はみんなケチ。というより、締り屋さんで、使う場所をわきまえています。いわばケジメのあるケチですね。

今、自分が持っているもので今の自分を描き、その中で遊べる自由な心が必要でしょう。

ホステスに習う経済生活設計の心得

1　収入に対する支出予算を守ること
2　毎月、必ず定額貯金をして、不時の支出にそなえること
3　掛け買い、内金払いの連続をしないこと。買う以上、現金払いに徹するのが最上。少なくとも一〇%は価格は安くなる
4　現金がなければ、買えるようになるまで我慢すること
5　大金を持ち歩かないこと。お金を持っていれば、つい要らぬものまで買ってしまう
6　見栄っぱりな支出はしないこと。ケチと言われても平気にならねば、金はた

まらない

7 ときには家計簿をつけてみて、その内容を反省してみること

8 商売は派手でも、生活は地味であること

9 あなたが四〇歳になったときどうしているか想像してみること。そして、そのときのための準備を、今から心がけておくこと。誰の力も借りずにすること。多分、誰も助けてくれないだろうから

10 スポンサーの援助を前提とした生活は思ったより短く、そして必ず破綻がくる。今の彼氏は、あなたが五〇歳になっても今と同じように、優しく面倒をみてくれると思うか？　もし思うとすれば、呆れるほど惚れているか、バカであるか、一〇万人に一人ぐらいの立派な男である

11 将来の生活設計は、できるだけ具体的に描いてみること。具体的に考えれば考えるほど、今、何をしなければならないのか、ハッキリしているものである

お札が語るもの

発行されて初めて使われる真新しい紙幣……ピン札って数えるのが難しいほどぴったりくっついていて、ぎゅっとひと塊になっていますよね。

最近、銀行マンのドラマが人気になったけれど、銀行名の入った帯に包まれた新札が、束で揃う瞬間に初めて出合ったときには、やっぱり足がすくんだものです。

その昔、私が出会った風俗嬢の女性がいました。名前はみっちゃん（仮名）。家族を養ったり、兄弟を学校に行かせたり、それは涙ぐましい背景もありましたが、本人は至って真面目で、どこかそんな状況を達観しているような、おとなしい人でした。

あるとき、彼女から「相談がある」というので六畳一間のアパートへ行きました。「どうしたらいいか困っている」というそれは、なんと押入れの紙袋に無造作に押し込められた紙幣たち。

時代が違うといっても、店を持ち、給料を払う立場にいた私は銀行とのやりとりも頻繁だったので、自宅の押し入れにまるで古新聞でも置くように入れられている紙幣の姿に本当に驚いたものです。

しかし、田舎暮らしから一人で博多へ出てきて真面目に働き、大きなお金が入ったところで、家族のために使う以外、使い方のわからないみっちゃんにとっては、その古い札束を銀行に預けるということさえ思いつかなかったのでしょう。

その後、無事に通帳をつくった彼女と、何度か銀行で会いました。「バッグが欲しいけん、下ろしにきたっちゃん♪」と笑顔だったことを思いだします。

あの頃、みっちゃんの押し入れの中にあった一万円札も、新品のピン札の一万円札も、一万円という価値は変わりません。でも、色々な人の手を渡って使われて、皺がたくさんある一万円札には、「金は天下の回りもの」の言葉どおり、多くの人の時間と経験と実感がこもっていて、その分、厚みが増しているのかな……なんて思います。

同じ百万円でも新札なら数センチ。でもその古いお札の束の厚みには、人の汗と涙と努力の結晶があらわれているんだと思いますね。だから、古いお札ほど、楽しいもの。懐かしくて古きよき活気のある時代でした。

古いお札には人の手を経てきた歴史がある。

ジャンケンに負けない理由

『ジャンケンママ』の異名を持つ私ですが、昔からジャンケンはあまり負けたことがありません。私の時代は戦後っ子で人数が多かったから、中学時代に部活・バレー部の部員も何十人といました。掃除当番をジャンケンで決めていたけれど、私、掃除したことないの（笑）。それから、バス停から学校までけっこう距離があったから、ジャンケンして、負けた人がみんなの鞄を持つ。何か決め事をしておいて、例えば自転車や犬やおばあさんとすれ違ったら、またジャンケンして次の鞄持ちを決めるっていうゲームをよくやったけれど、あのときも、荷物を持たされたことがなかった。

「なんでお前だけ、ずっと手ぶらと?」「勝つけんたい!」って(笑)。

この特技が、お店を盛り上げるのにも、大いに役立ちました。まだお店でアルバイトをしていた当時、水割りは一杯一〇〇円で、おつまみが五〇円でした。おつりをチップとしてくださる方が多かったのですが、日本にはチップ文化はないし、当時の私は、何もしないでお金をいただくのは申し訳なかったのでしょう。そこで、ジャンケンで勝負をして、私が勝ったら、チップをいただくということに。

それが始まりでした。そこから発展して、右手でジャンケン、左手で勝敗をマッチで数える今のスタイルと五戦先勝でのやり方になっていって、私が負けたら飲食代はタダ、というゲームになってからは、ジャンケンをしたがるお客様がどんどん増えていきました。それから、ローカル番組で取り上げられたのを皮切りに、今年で終わってしまった『笑っていいとも!』や『ビートたけしのTVタックル』など、多くのテレビ番組に出演させていただきました。

芸能人の方や、スポーツ選手、歌舞伎役者、政治家など、本当にたくさんの方と勝負をしてきたけど、負けないのよ、これが。

よくお客様に「どうしたら勝てるの?」とか、「秘訣はなに?」とか聞かれますが、本当にわからないんです。だって、弱かったことがないんですもの。

以前、テレビ局の企画で、ジャンケンをしているとき脳がどのような働きをしているのか、脳波を調べたことがあります。協力してくださったのは、日本大学医学部の脳外科の研究室。そこでわかったことが、通常人間の脳は、左脳か右脳のどちらか一方が働いているときは、もう一方は活発には働かないことが多いらしいのですが、私の脳は左脳と右脳同時に活動しているとのこと。これは、猿とかチンパンジーによく見られる傾向だと言われ、落ち込む私に先生が「人間の脳にプラスして、動物的な第六感が非常に優れているということです」と言って慰めてくださいました(笑)。

「今までで一番強かった男性は誰ですか?」と取材で聞かれたとき、しばらく考えて、「いません」とお答えしたのですが、その理由が「第六感」だとしたら、男性は論理的な方が多いから当たり前なのかもしれませんね。それに、私ほどジャンケンをしている人は、世界中探しても、どこにもいないと思うから、たまにしかジャンケンをしない方に負けないのは当然です。

ジャンケンに強い理由が「動物的第六感」って、答えになってないかもしれませんが、あなたの目で確かめるために、ぜひ、中洲までいらしてください。受けて立ちますよ（笑）。

恩を忘れない

「恩を返す」「恩を忘れない」と言っても、忙しい毎日の中で色々な人からの様々なご縁やご恩を意識し続けるのは難しいし、何より自分がうまくいっているときは、ついつい忘れてしまうものです。

「この人がいたから今の自分がある」という誰かのご恩に当てはまらない人は、

この世でひとりもいません。それなのに、このことを忘れている人が多すぎます。どんなに事業で成功しても、恩を仇で返すような人は、必ずどこかで成長がストップしますし、思わぬ事態に足を引っ張られたりしています。

坂本さん（仮名）は兄の会社に勤めていて、四五年前に私の父が仲人をした方なのですが、坂本さんは「今、私が妻と一緒にいられるのはお父様のおかげです」と父の死後四〇年間、盆暮れに必ず、我が家にご挨拶に来てくださいます。お参りに来てくださった昨年のこと、母が「坂本さん、今まで十分すぎるほどしてくれたんだから、もういいよ。死んで四〇年も経つんだから」と言ったら、「いえ、私が歩けなくなるまで来ます」とおっしゃいました。後にも先にも、こんなに恩を重んじる方はいらっしゃいませんね。

今は、「誰のおかげで今があると思ってんだ！」とか、「恩着せがましいヤツだ」とか、なんだか、悲しい声が聞こえてくるばかり。でも、本書を手に取ってくださったあなたには、「誰のおかげで今の自分がいるのか」を考えて、ほんの少し、原点に返っていただきたいと思います。

そして、四〇年という月日は、到底真似できるものではありませんが、年に一度、電話でも、年賀状でも、方法は何でもよいのです。感謝の気持ちをお伝えすることは大切だと思いますよ。今、頭に浮かんだ方へ連絡を取りましょう。

人生のゴールデンタイム

よく来てくださったお客様が急に来られなくなったりすることはよくあります。どこからともなく、「倒産した」とか、「逃げた」とか、そんな噂が聞こえてくることもチラホラ。

建設業のHさんはとても豪快な人でした。いつもくしゃくしゃの一万円札を腹巻きにいっぱい入れて、中洲のどこの店でもモテモテ。ところがあるときから、ぱったり姿を見せなくなりました。今と違って、四〇年以上も前のことですから、どこのお店でも〝ツケ〟が利いたものです。Hさんも、うちに二〇万円ほどのツケが残っていました。

数カ月後、久しぶりにお越しになったときには、覇気がなく、あの豪快な姿はどこにもありません。そして彼は、こう言いました。

「和ちゃん、今日は金の持ち合わせがないんやけど、飲んでよかな。お客さんば連れてきとうけんが……」

これまで、私も店の女の子も大変楽しませていただきましたし、よく顔をだしてくださった。人生には浮き沈みがあるもの。私は、迷いなく、

「当り前よ、心配せんで飲んでいきんしゃい！」と背中を押して店に促しました。

私は、この日ほどHさんにサービスしたことはありません。彼が連れてきたそのお客様にも、彼にも恥をかかせないよう、にぎやかに精一杯のおもてなしをしました。

それから、二、三回顔を見せたかと思うと、またツケをして、彼は姿を見せなくなりました。最初の出会いから、約二五年が経っていました。そのHさんから突然電話がかかってきたのは、最後のツケから半年も経った頃。

「和ちゃん、迷惑かけてすまんね。きっと立ち直って、あんたの店だけにはちゃ

んとさせてもらうよ。今は家族で逃げてるから、場所も言われんけど、もう一度立ち直ってみせるけん。それまで飲み代、待ってくれんね」

私は「わかった。がんばって」と声をかけるのが精一杯でした。それ以来、なんの音沙汰もありませんが、いつか、きっとHさんが、元の豪快な姿で、「和ちゃん、待たせたねぇ」とガハガハ笑いながら、突然お店に来てくださるような気がしています。もう八〇代を迎えていらっしゃるはずですが。

他にも、「ツケは生命保険で払います」とか「退職金払いで頼む！」というお客様がいらっしゃったり、本当に色々な方がいらっしゃいます。もちろん、失敗から這い上がってまた来てくださる方も多いですよ。毎回、思いますが、本当の意味で失敗やどん底を経験した男は、強くて優しい。復活した迫力と新しい深みが備わっている場合が多いから、ちょっと素敵に見えたりして。

でも、そういう経験はなるべく若いときにしたほうがいい。だから、若い人には、失敗を恐れずに挑戦しなさいよ、って言いたいのです。逆に五〇歳を過ぎてからの失敗は、体力と気力が無い分、数倍も辛くなってしまいますからね。若いときの失敗は、買ってでもしたほうがいいかもしれませんよ。

若いとき、金はないが時間と体力がある。

中年は、金と体力があるが時間がない。

晩年は、金も時間もあるが体力がない。

これは、私の父がよく言っていた言葉なのですが、人生で、金と時間と体力があるゴールデンタイムは本当に一瞬だということ。人生何事もどこかがうまくいかないように〝うまく〟できているってことであり、すべてうまく行く瞬間は、ほんの少ししかないのだから、その瞬間に出会ったら、大切に、思う存分にチャンスを生かしなさい、ということなのですよ。

ブレない理由

この道に入って四五年が過ぎました。経営者になって四三年。ロイヤルボックスという会員制のクラブとリンドバーグというバーを経営していますが、私がお店を休むことはほとんどありません。

お客様との同伴以外は毎日、リンドバーグに出勤して、ロイヤルボックスで働いて、もう一度リンドバーグへ戻って一日の仕事を終えます。たまに、真夜中のリンドバーグへ戻ると、お客様に「まだおったと?」とか「また来たと?」なんて驚かれます。

多くの方は、「会員制のロイヤルボックスがあるのに、スタンドバーでもきっちり働くのか」と不思議に思うみたいですね。でも、リンドバーグは私の原点で、本当に愛しいお店。ここに出勤して、ここで終わるのは四三年間変わっていない。ブレないのは、ひとえに、「この仕事が好き、中洲が好き、人が好き」だから。それだけなんです。

今でも、新しいお客様がお見えになると嬉しくて仕方がない。「よし! このお客様をうち(の店)のファンにしちゃろう!」とてワクワクするわけ。こうして「大切な人」が増えていく楽しさを、もっともっと、お店の女の子にも味わってほしいと思っています。

私が、今の座に胡坐をかくことがない理由は大きくふたつ。

ひとつは、私の座右の銘が「継続は力なり」だから。私が始めたこの仕事は本当に奥が深い。様々な人の生き様を、遊び方を見るにつけ、自分の中でこうしたい、こうありたい、こうはなりたくない、というような感覚が少なからずあったのだと思います。

ブレる人は、原点を忘れてしまった人。事業に成功したり、チヤホヤされたりして、謙虚さを失うと、コツコツと積み重ねることが嫌になる。そして本気で働くことをどこかでバカにして、おろそかにしてしまう。そうすると、いとも簡単に足元から崩れていきます。そういう姿をたくさん見てきた私は、「逆を行こう」という気があったかもしれませんね。

「仕事」として、毎日きちんと同じことをする。朝起きて、名刺の整理をして必要なデスクワークをして、準備万端整えて現場へ出ていく。そして家へ帰る。これの繰り返し。

ちなみに、私は同伴した場合、お客様とのお食事では、ほとんどお酒をいただきません。お茶か白湯。乾杯くらいはするけれど、この後の「現場の仕切り」を考えれば、ごく自然のこと。

それでも、長年やっていると、誹謗など嫌な思いをすることもあります。噂話を聞いて落ち込んだりもします。しかし、

「人の噂に上るうちが花」

「風の便りにも聞かなくなったら、おしまいのとき」

と思うと、すっと気が楽になるし、事実は自分が知っています。とはいえ、不思議なもので苦しいときほど、お客様や周りの人たちに助けられ、「また、頑張ろう！」と勇気が湧いてきます。

理由のふたつ目に、祖母がよく言っていた「好きこそ物の上手なれ」という言葉を思い出します。「和子は何が好いとうとね？」「石蹴り、かんけり、かくれんぼ」「そんなん、聞いとらん！　勉強たい！」「勉強すか〜ん!!」って（笑）。それでも、読み・書き・そろばんくらいはできなくちゃ、と、書道とそろばんに通っていました。

それでも、そろばん教室で、がちゃがちゃそろばんを振って遊んでばかりで、上達もしないし、行きたくなかった。じっと座っていられないし、外で遊んでいるほうが性に合ってたのね。遊びたくて仕方ない年頃だったし。

でも、ある年の七夕のとき、西日本新聞社主催で、太宰府天満宮に展示する書道を私の学校の生徒が書くイベントがありました。そのときに金賞をもらってから、書道は好きになったし、そろばん教室のおかげなのか、会社の経理で働いていましたしね。

結局、人間、好きなことが一番だし、そこへ戻っていく。もちろん、一番好きなのはこの仕事。生まれ変われるものならば、今の記憶と知識とテクニックを持ったまま、もう一度、一八歳くらいに戻りたい。この仕事について、もっとやりたいことを実現できるのに！　とほとんど本気で思っています。

第五章

人生を愉しむ
セクシーな男の生き様

皆さんの周りには、「カッコイイおじさん」とか「将来彼のようになりたい」と思う対象が存在しますか？

厚生労働省の調査によると日本人男性の平均寿命は七九・九四歳。それも年々少しずつ伸びています。

私のお店には、二〇代〜八〇代まで実に幅広い年代のお客様がお越しくださり、有難いことに、何十年もお付き合いいただいているお客様が大変多くいらっしゃいます。

お店に通い始めた頃は若手社員でしたが、情熱的に仕事に取り組み、管理職から役員へと着実に上り詰める方、会社や日本を飛び出して大成功を収め続ける方など実に様々です。

しかし、それぞれの成功の陰に様々な苦悩や困難があり、逆境や問題を抱えながらも日々奮闘される様を同時に見てきました。人生が右肩上がりだけ、なんていう方はもちろん一人もおいでになりません。ましてや、戦場と化した仕事場だけでなく、家族の問題を含め、取り巻く様々な壁を乗り越えては、次の壁、また壊しては次の茨……と一筋縄ではいかないのが人生。残念ながらお顔を拝見できなくなったお客様、大きな失敗から這い上がろうと何度も立ち上がる方を含めて、とにかく人生は十人十色です。

それでも、三〇代～四〇代前半にしっかり土を踏みしめて、量をこなしながら、経験と努力を重ね、逆境にも悩みながら真摯に向き合い、近道を選ばなかった男たちは、四〇代後半～五〇歳の年齢を前後に大きく化け、円熟味を増して一番の輝きを放つ最高の時代がやってきます。

絶対に失敗しない方法も、絶対に成功する方法も、この世にはありません。仕事、お金、健康、家族、時間、生と死など、たくさんの要素が人生を形成しています。

誰かの失敗談は、あなたの成功への道しるべになります。そして晩年期を超えてもなお、人生を愉しみ続ける彼らの生き方が、あなたのこれからの人生にお役に立てれば幸いです。

情熱をもって生きた男

私は三軒のお店のママ、という肩書の他に、「福岡航空宇宙協会副委員長」というのがあります。委員長は故人となってしまいましたが、福岡市で弁護士をされていた松本成一さんです。私は後にも先にも、あんなにお葬式で声をあげて泣いたことはありません。

彼は自ら飛行機の操縦をし、弁護士事務所には飛行機のスーパーシートを四脚も持ち込むほどの飛行機好きでした。とにかく飛行機に対する情熱が深く、真っ直ぐで、航空機のことになれば少年のように目を輝かせて話をされていたことを思い出します。

彼とは昭和五一年からの長い付き合いで、彼が、「航空博物館」を建設しようとつくったのが「福岡航空宇宙協会」で、私も誘われて参加しました。

当初、協会の目的は博物館でしたが、あるとき、サイパンに完全な形をした零戦があり、所有者であるアメリカ人がその零戦を売却したがっているという情報が入ってきました。「零式艦上戦闘機三二型」という世界に一台しかない飛行機です。垂直尾翼に記された識別記号から、第二五二航空隊部隊長、柳村義種大佐の乗機だったことがわかっています。

零戦を買い取る費用は二千万円。彼と私、そして仲間三、四人で、零戦の買取りに奔走することになったのです。そして努力の甲斐あって、零戦は福岡市の箱崎埠頭に陸揚げされました。大変だったのはそれから。

設置場所が決まらず、彼と私は、福岡空港、市立博物館、福岡タワー、九電エネルギー館などに「設置にかかる費用はすべて出すから展示させてほしい」と打診しましたが、すべて断られました。

百田尚樹さんの『永遠のゼロ』の大ヒットもあり、今でこそ零戦や特攻隊に対して理解が深まってきましたが、当時は「戦争で多くの命を奪った飛行機なんて展示できない」とか「人殺しの飛行機」とまでいわれて、悔しい思いをしたものです。その後、当時名古屋空港の航空宇宙館から、そっくり買いたいと申し出がありました。結局、貸与という形で私たちの零戦は名古屋に行きました。

二〇〇四年に、名古屋セントレア国際空港が開港して、名古屋空港の宇宙館が閉鎖されたことから、零戦は福岡へ戻ってくることになりました。ちょうど同じ頃、大刀洗の町が合併することになり、新しい町に平和記念館をつくることになったのです。その平和記念館に零戦を展示させてほしいと、町から依頼され、零戦はようやく展示場所に落ち着くことができたのです。ただ、その話がくる三年ほど前にお亡くなりになった松本先生は、零戦の展示を見届けることができませんでした。

零戦保存と、航空博物館の建設に情熱を燃やした先生も、天国で喜んでくれたら嬉しい限りです。先生の情熱は、私だけでなく多くの人を動かし、そして、歴史を語る飛行機が、多くの日本人の目に触れることになりました。人を動かすのは、お金でも肩書でもなく、純粋な熱い想いなのです。

あなたの中にある情熱や純粋さは、きっと誰かを動かし、世の中に貢献できることがあるはずです。

偉い人とエラそうな人

実力で勝ち上がってきた成功者ほど、色々な方に気軽に声をかけている光景を目にします。自分が声をかけた人が喜ぶこと、また、声をかけたことで、その人のモチベーションを上げられることをわかっているのでしょう。逆にエラそうにふるまっている人は、小物が多い。たとえ肩書があったとしてもね。

私も、中洲では女の子たちから「あ！　藤堂ママだ！」という目線や空気を感じることが多々ありますが、そんなときは気軽に声をかけるようにしています。

エレベーターで他のお店の女の子と一緒になったら、「何階？」と聞く。女の子たちがあわてて「ごめんなさい、私がやります！」「いいのよ。エレベーター婆さんやってあげるから」「しっかり稼いでらっしゃい！」と言って送り出す。

彼女たちの嬉しそうな姿を見ると、私も嬉しくなるものです。

私が相手を知らない場合もそう。あるとき、お客様から電話がかかってきました。「あ、ママ？　いま、銀座で飲んでるんだけど、○○ちゃんが隣にいてね。彼女、前にロイヤルボックスに勤めてたんだって？　ちょっと代わるね～」と。実際には、数日バイトをしただけの子で、私の記憶もさだかではなかったし、本人もそれはわかっているはず。

でも、だから、そんなときでも「久しぶりね、○○ちゃん。がんばってるのね」と声をかけます。一緒の男性にも「○○ちゃん、とてもいい子だから、よろしくね」と。それだけで、男性もいい気分になるし、女の子も前より少しでも自信が持てるようになるかもしれないじゃない？　それに、遠い銀座のお店で私の名前で気持ちよくなる人がいるなんて、私にとっても嬉しいことですもの。

あなたが影響力をつけたい、もしくは影響力があるなら、威張っては絶対にだめ。「偉い人」か「エラそうな人」かは、他人のほうが敏感に感じるものだから。

肩書と器

肩書なんて一円にもならないでしょ。確かに、名刺は大切な武器のひとつではあるけれど、隙間のないくらい肩書やウンチクでびっしり埋めたような名刺を持っている人は、往々にして自信がない印象を与えます。

そういう人は、会社を辞めて役職がなくなったり、その会社に属さなくなることでその人自身が干されていくんですね。

でも、一方で会社の肩書には不思議な力もあって、「課長」と呼ばれると課長の顔に、「部長」と呼ばれると部長の顔つきになっていくもの。風格と威厳が備わるというか。それは別の章でも書きました。

だから、うちの店のチーママたちにも、名刺に〝ママ〟って書いてあげると言っているの。本当にママに見えたら、お客様はそう呼ぶものだから。

実際、ママじゃないのに〝ママ〟って呼ばれている人がいます。そういう人達は、ママらしい仕事をしているんです。威張っていて態度が大きいからという訳では決してなく、そつがなく印象的で心地よいサービスと度量があるのでしょう。肩書を決めてくれるのは、周りの人たち。企業人は会社から〝役職〟を与えられ、周囲に求められることで、その器に自分が合わせようとして、そうなっていく。一方、自分で肩書を決められる人は、自分を大きく広く見せようとして、たくさんの肩書を名刺に付けることで安心してしまうのかも。

自分の名前だけ書いている人って堂々としていませんか？　だから個人で勝負するって大事なことだと思います。

肩書の効力

高齢化社会の日本。四人に一人は高齢者という時代を迎えて、多くの現役がその役を終え、ゆっくりと残りの人生を楽しまれている方が私の周りにも多くいらっしゃいます。

「実るほど、頭を垂れる稲穂かな」

このお話は前に書きましたが、大手の社長、副社長、専務、常務、取締役……このあたりで定年を迎えられた方々は、その後、外部取締役や顧問、相談役として現役を続行される方も多く、リタイア後二～三年は、〝肩書〟が実力を発揮して、ゴルフや旅行、遊びのお誘いやお相手には事欠かない楽しい人生が待っていることでしょう。

しかし、これが五年も経てばどんな大会社のトップだろうと〝ただの人〟になります。こうなってくると、お声がかかる人とかからない人、頼りにされる人とされない人、真っ二つに分かれるもの。これはまぎれもなく〝人間力〟の差。

肩書というのは、肩書そのものがその人らしく押し上げるという良い面も持っていますが、同時に人間を錯覚に陥れる側面も持っているもの。本人も気づかぬうちに肩書という椅子にどっしりと座っていた人は、肩書の効力がなくなったときに、残ったものの少なさに驚くでしょう。

やっぱりただの人になってこそ、人が集まる人でありたいですね。そんなおじさま達は本当に人生が楽しそう。歳を重ねるか、老けていくかはここであらわれるのです。

私だって同じ。今は「博多のクラブのママ」として銀座でも手厚く迎えてもらっていますが、引退後も、楽しいオジサマたちに「和子さん！　遊びましょ」と誘ってもらえるようになっていたいですね。

歳を取らず、歳を重ねる男

肩書のお話のあとなので、それがなくなって「ただの人」になったときのお話をもう少し。

私の店には、親子二代三代、何十年も通ってくださるお客様も多いので、当時三〇代だった方が、もう六〇歳を超えているなどということは珍しくありません。リタイアされて、五～六年してお越しになるお客様を見るにつけ、歳の取り方で大きく分かれると感じます。

それは、素敵に歳を重ねる人と、急速に老け込んでしまう人。前者の方々の共通点のひとつは、〝友だち〟が多いということ。ただの飲み友だちというだけではなく、残りの人生を共に楽しみ、あなたが困ったときには助け舟を出してくれる、そして相手に何かあったら、あなたが駆けつけたいと思える〝心友〟のことです。

これはひとえに、これまでどれだけ人を大切にしてきたか、という点に尽きます。仕事をしていれば否応なしに関わらなくてはいけないけれど、仕事のつながりがなくなったら、残るのは「その人と一緒の時間を過ごしたいかどうか」です。

部下や社員を大切にしていれば、退いた後でも、季節の節目や人生の節目に「挨拶にきました！」といってご縁がつながっていくものです。その活力が若さにつながります。

先日もお客様からお便りがあって、「私、八〇歳になりました。まだまだがんばっております。お会いしたいです」と言って、山登りをされたときのお写真も添えられていました。ほほえましく嬉しくなりました。

友だちが多く、リタイア後も部下や社員に慕われる方々に共通しているのは、奥様が素晴らしいこと。彼らが奥様を大切にするから、奥様もご主人を大切にし、ご主人が大切にしている社員も大切にする。奥様がもともと、素晴らしい場合もあるけど、男性もそうやって女房を教育しているのね。女房の面倒見がいい人は、部下の面倒見もいいものです。

仕事を辞めて、肩書が何もなくなったとき、あなた自身の魅力で何人の人があなたと時間を共にしたいと思うでしょうか。今からでも遅くありません。今までいただいたご縁とご恩をふりかえり、自分の利益だけではない、大切にするべき人を見極めて大切にしましょう。

◆人を大切にすると、素敵なカタチであなたの人生を豊かにしてくれる。

ひとりの時間を愉しめる男

いい歳の重ね方をしている方に共通することのもう一つは、ひとりの時間を愉しめるかどうか。「おひとり様」という言葉が出現して久しいけれど、女性がひとりの時間を上手に重ねられるようになっているのと裏腹に、男性は案外〝群れ〟が好き。

若いときならいざ知らず、会社で、社会でいつも誰かと一緒にいることで安心感を得て、ひとりの時間を楽しめない大人が増えているように感じます。

しかも、そういう男性に限って自分と意見を戦わせるような、自分に厳しい意見を言ってくれるような人とは決して向き合ったりしない。自分に都合のよい、飼い犬のような後輩と連《つる》んで、凄さをアピールする。

そういう人の周りには数年に一度、取り巻きが一掃されて人が入れ替わっていきます。こうなると、地位と金の切れ目が縁の切れ目。結局は誰も相手にしてくれなくなってしまいますよ。

だからこそ、一人でできる趣味を若い頃から持っているといいですね。「趣味は？」と聞くと、釣りやゴルフという人ばかりだけど、これは、誰かいないとできない趣味。ちょっとした自分の時間を、他人を煩わせることなく、楽しめる趣味があるかどうかがとても大事だと思います。

私の場合、音楽が大好きだから、マイルス・デイビスやジョン・コルトレーンなどの古いレコードを聴いたり、絵が好きだから、ちょっとした挿絵を描いてみたり。若い人は知らないかもしれないけど、作家の江國香織さんのお父様で芸術評論家であり、エッセイストだった江國滋さんが描いていたような絵が好き。

あともう一つ大事なことは、出不精にならないこと。これは私にもいえることですが、昔は、着物ひとつ買うにも、呉服屋さんを五〜六軒まわって、安くていいものを探していたけれど、いまは、呉服屋さんが自宅に来てくれて、たくさんの中から、「これはすかん、これもすかん、これ！」って買えちゃう。ネットショッピングも大好き。楽天で一体いくら買ったかわかりません（笑）。でも、たまに自分で足を運んで見に行くと、いつも来てくれるお店にはない、すこし違った素敵な着物に出会ったりするのです。

盆栽、絵画、料理、陶芸　散策……そんなひとり遊びのために、今から何か始めてみるのはいかがでしょう。

小さな変革

女性の場合、歳を重ねるにつれ、明らかに使う化粧道具が変わります。二〇代のころには必要なかったようなこってりとした美容液やコンシーラーなどもそのひとつ。私はお客様の背広に化粧が付かないように、六七歳になった今もファンデーションの類は肌に付けていません。だからこそ、「重厚なお手入れが必要ではないのですか?」とか、「切ったり、張ったりしているのですか?」なんて美容整形疑惑を含む直球な質問も受けたりします（笑）。

でも、基礎化粧品は時々、思い切って全部取り替えます。一年以上、同じものを使うことなんてないんじゃないかしら。なぜなら、化粧品は男女と同じ。肌も、ときめきがないとダメなんです。馴れ合いは輝きを失わせます。多少の刺激と新しい感覚に、細胞からついてきてもらうのです。

「この化粧水がいい！」と思ったら、何年も、十年近くもそれを変えずにいる人は、それ以上の発展がないでしょう？　仕事も一緒、居心地の良い〝ぬるま湯〟に浸っていませんか？　一度うまくいったことを、長々となぞっていませんか？

去年のあなたより、明らかに成長していますか？

遊び感覚で物事を考えられる余裕が欲しいですね。変なこだわりは、思いきって手放しましょう。何でもいいから目標を立ててもよし、何かにチャレンジするもよし。自分自身で小さな変化を起こすこと。三日坊主でもいい。三日でも、やったのだから。

その中で、自分に合う小さなことを見出して、新しいものを受け入れてみる。

そこから広がっていくから。仕事も、人脈も、情報もね。

これは、仕事の芽を育てることに似ているような気がします。お客様に飽きられない手法。こんなに身近で毎日の中からだって、ヒントを得ることはできるものです。最近は男性も、エステやお肌の手入れを入念にする方が増えていると聞きます。正直「必要ない！」って思いますが、今どきの男性はナイーブ。だからこそ、こうした小さなチャレンジから仕事への活力も見出してほしい、と思います。

オシャレな男

オシャレに自信、ありますか？

最近の三〇代四〇代は、仕事がデキる人ほど私服もオシャレな人が増えてきました。日本人としては、嬉しいことです。でも、これもごく一部。いつもお越しになる素敵なスーツ姿のお客様のうち、カジュアルな普段着もカッコ良く着こなすのは二割以下かもしれません。それくらいカジュアルって難しいんです。

ＴＰＯに合わせたトータルなオシャレ、ましてや洋服屋のお姉さんに勧められた流行りの〝崩し〟ファッションなんてしようものなら、まるで意図しない思いをすることになることも少なくない。でも、それは仕方のないこと。だって、毎日ほとんどスーツしか着ていないのですから。あなたも家にいるときは、Ｔシャツにスエットとかじゃないでしょうか。

ある企業の役員をされていたお客様で、現役のときはビシッとスーツを着こなして格好よかったのに、リタイアされてからは、なんともいえない感じに（笑）。五年ほどたったある日、彼のスーツ姿を久しぶりにお店で拝見しました。思わず私は、「酒本（仮名）さん！　やっぱり、背広が一番似合うし、かっこよか～」思わずそう言ってしまったら、「お！　ママ、嬉しいね！（リタイアしたのに）今さらって思うばってんくさ、背広って気持ちも引き締まるし、私らには一番しっくりくるとよ」って嬉しそうにおっしゃっていました。

流行を追いかけたい気持ちもわかりますが、普段から私服を着慣れていないなら、保守的といわれても無難なスーツを着て出かけた方がいいですよ。スーツって靴、ネクタイ、Yシャツ、靴下、とこだわればキリがないけれど、そこから学んでいけばいいのです。

男性は女性に比べて流行りすたりがないとは思うけど、だからこそ、長年着られる良い服を買うべきです。そして、「これは、よそ行きにしよう」なんて思わず、良い洋服から先に着ること。毎日が〝よそ行き〟なんです。この歳になったからいえるのですが、時間もないし、体型も変わっていくんだから。

男性の私服に「よそ行き」はなし。良い服から着て出かけましょう。

方言を大切にする

最近、中国語に興味を持ち始めました。なぜなら、あまりにもきれいな中国人の女の子たちと話していて気になったからです。鼻に抜けるような独特のフランス語みたいな発音。フランス語と中国語は文法も響きも似ていると思う。旋律が素敵だと思ったのです。

四〇年くらい前の中洲では、地方の方言がそれはもう色々、飛び交っていたんですよ。

「ここはどこ?」っていうくらい、人種の坩堝《るつぼ》と化していた。なんだか無骨だけど活気のある、熱い雰囲気だったような気がします。

最近は、若い人は特にテレビの影響や情報の行き来が増えたことで、地元の言葉を話さなくなっているようです。さらに「田舎もん」というイメージなのか、方言を格好悪いとも思っているところがあるのかしら。

私は、全国の方々とお会いして、色々な方言を耳にしているので、ちょっとしたアクセントなら案外上手に話せるんです。東京弁に、関西弁、そうね、津軽弁も割と上手。でも、そうやってしゃべるうちに、標準語なのか博多弁なのかわからなくなっちゃったくらい。

あるとき、栃木出身のお客様と何十年かぶりに偶然、博多の私の店で再会する機会がありました。かたや北陸、かたや大阪で勤務しているお客様。すると、最初は遠慮しつつだったのに、すっかり故郷の方言に。栃木弁でやりとりしていると、細かな部分がわからないから、英語を聞いているような抑揚でつい、私たちがぽかーんとなる瞬間もあったりして。

そんなときは、ほうっておくけれどね（笑）。だけど、とっても心地がよかったんです。

でも、最近は標準語化されてしまっているでしょ。だから、私はどこに行っても、わざと博多弁で話すことにしてます。もちろん、東京のど真ん中、銀座でも声高らかに、博多弁です。

あるとき、青森で「うるさか～！　この音くさっ」（うるさいわね～！　この音のことよ）と言ったら、「お客さん九州ですか！」と店員さんに声を掛けられた後、「私も九州なんです。懐かしくて嬉しい～！」と言われたんです。

そっか！　方言も大事なのよね、と思って以来、私は、どこに行っても極力、博多弁で話す。私は博多生まれ博多育ちだから、他県の方言が上手に真似できても所詮は〝もどき〟。帰る場所がある〝故郷〟っていいなぁって思うんよね。

故郷の方言を、堂々とつかいんしゃい。

情緒を愉しむ

昔、リンドバーグのカウンターの隅で、決まって本を読むお客様がいました。「何で、お酒を飲みに来ているのに、こんな暗くてうるさい場所で本を読むとやろか」と思っていましたが、賑やかな場所ほど、集中&没頭できるとのこと。

そういえば、私も原稿を書くとき、書斎机にきちんと座って書いたことがない。むしろ、にぎやかな場所の片隅で書いたほうがノッてくる。子どもの宿題もリビングのテーブルがいいとか言ってなかったっけ？　……話を戻すと、その賑やかなところで本を読む理由は「人を待つ時間に本を読むと、苛立たない」からなのだそう。

今は、スマートフォンなんかでも簡単に新聞や小説を読めるから、文庫本を持ち歩く人も少なくなりました。私もタブレットを持ち歩いて、出張や旅先でもすぐに読み出せるし、かさばらないから便利ですよね。

でも、「文学おばさん」と古いお客様にあだ名をつけていただいたほど本好きの私の欲目かもしれないけれど、女性も男性も本を持っているほうがスマートだと思います。

私だって携帯とタブレットを持ち歩くけど、駅や電車でスマートフォンを見ていると「暇なのね」と感じてしまう。とても文化を楽しんでいるように思えないのです。偏見かな。バスや電車では携帯でゲームしている人も多いから、そういう印象なのかもしれませんね。

でも、やっぱり、文庫本を読んでいるのと、スマートフォンを眺めるのとでは、同じ読書でも見た目が違ってくると思いませんか。文庫本は、そんなに高価なものでもないしハンドバックや、男性の背広のポケットにも入る。薄めの文庫本をしのばせて、常に教養を高めることを意識してほしい。本を読む、静かなその姿と風情をオトナとして身に付けてほしいと文学おばさんは思うわけです。

風情といえば……少し話は逸れますが、お商売の周りには多くの迷信というか、言い伝えがありました。

◆店の中で傘をぱっと開いたら、怒られたことがある。その理由は、「傘を開いたら、店がお開きになる」から。
◆二股になったマッチが出てきたら、「今日は縁起がいい」と髪にさす。
◆針は「刺す」ので使っちゃいけないけど、レース針は編み目を増やすからいい。
◆草履の鼻緒が切れたら縁起が悪いからそのまま店には入らない。
◆店では、招き猫を置き、犬と猿の置物を置いてはいけない。「犬」＝「(お客様が) 居ぬ」「猿」＝「去る」
◆塩を店の前に盛る「盛り塩」のいわれ。

その昔、砂漠の王が側室の家を訪れる際にラクダを使って通っていた。ラクダが止まると、王はそこで降りて側室の部屋へと入っていく。あるときから、同じ部屋の前でばかりラクダが止まるようになり、一人の側室が王の寵愛を独り占めした、というお話。しかし、これはひとえに王の寵愛を受けていたのではなく、女性が疲れたラクダのために塩を用意し玄関先においていたため、ラクダは塩が欲しくて、毎晩そこへ止まるようになった、という戦略のお話。

こういうお話が、先輩ママやお客様からなんとなく伝わってきて、知識や教養として少しずつ蓄積されていったものです。本から学ぶことも多いけれど、「生き字引き」のような先人たちの知識がそこら中にあったものです。「生き字引き」という言葉もあまり聞かんごとなったけどね。

父の教え

父から教わったことは様々ですが、その中でも印象的なのが、

「手を打てば鳥は飛び立つ鯉は集まり　下女は茶をくむ猿沢の池」

という作者不明の古歌。

手を打つというひとつの動作でも、鳥は鉄砲だと驚いて飛び立つし、鯉は餌だと思って集まり、下女はお客様が来て呼ばれていると思い、主人のもとにお茶を持っていく。つまり、同じ動作、言葉でも、見聞きする者の解釈によってまったく違ったものになる、という仏教の唯識《ゆいしき》の教えといわれています。

仕事でも私生活でも何事にも置き換えて考えてみてください。あなたの意図していることが、相手に正しく伝わっていますか？

物の言い方ってホントに不思議。「あんた、ばかやねぇ」って博多弁で言われると、「あんたに言われたくない！」って腹が立つときと、「あら、ほんと。そうだった！」と気が付いて気持ちよく受け止められるときもある。

相手との関係もあるけれど、大抵、自分に余裕や自信があるときは、どんなことを言われても素直に聞けるもの。けれど、発言する人自身が注意しなくてはいけないことは、相手の顔色が変わる瞬間を見逃さないということ。そういう場面になったときは、「ごめんね、ちょっと物の言い方が悪かったみたい」というフォローができるかどうかが、とっても大事。

己の発言には謙虚で、相手の思う気持ちを考えましょう。

相手への思いやりが前提じゃないと気が付かないから、注意して。

祖母の教え

今回、本書でほとんど扱えなかったことに、「祖母の話」があります。

まさに、「藤堂和子」の礎《いしずえ》となった人物といっても過言ではありません。

一九一七年に私の母を身ごもったまま船でシアトルへ渡り、六年余りを激動のアメリカで過ごした彼女は財を成しましたが、志半ばで父親の危篤の知らせを受け、すべてを畳んで日本へ戻る決意をしました。その後はアメリカで貯めたお金で当時の長屋を買い、貸家として家賃収入を得ていました。おそらくあのままアメリカにいたなら、さらに大きな成功を手に入れていたことでしょう。

そんな彼女が言い続けた三つのことは、たくさんの教えの中でも特に心に残っています。

「和子、アメリカには地面の下に電車が走っとるとよ。そしてビルの上から雲を下に眺めると。そして、人の笑顔が素晴らしい。Comfortable（快適）よ！　そんな国には、日本はなかなか追いつけん。

エレベーターに乗っても道を歩きよっても「Hi!」ってニコッと声ばかけて挨拶するとよ、知らん人にもね。凄かろぅが。

日本人はみーんな、あまり目を合わせないように歩いて、目が合って挨拶しても、あっちゃ向いて知らん顔するやろが。ニコッと挨拶をしてみたら気持ちよかとに。だからアメリカは凄い国なんよ」

といつも話していました。

祖母は、多人種が暮らす異国で心細い思いをしたとき、すれ違う見知らぬアメリカ人からニコッと微笑まれるだけで心がなごみ、自分の居場所を確認したというのです。笑顔でとても救われたと言っていました。ですから、「和子、Be smile! ばい」「ニコニコいつでも笑顔を絶やさず、生きなさい」そして「必ずアメリカに行きなさい」と、それはもう、祖母の膝の上に乗った私に口酸っぱく言っていたものです。

そして、熊本弁と英単語の混ざった方言で、

「〝ぜん〟（銭）ば持っとるときは、自分で払いなさい。生きた〝ぜん〟を使わなければ、良い金は回って来んとよ」「他人への施しは、今すぐには返って来なくても、和子の子や孫にきっと戻ってくる。だから、少しずつでも分けて助け合っていくとよ」と。

自分の家が苦しくとも、それ以上に苦しい人が目の前にいれば惜しみなく手を差し伸べる。そして、商売はきっちりと地道に、時に大胆に切り開いていく。これは私のDNAとして確実に受け継がれています。

こうして、人と人とがつながることの何たるかをきっちり教え込まれたことを思い出します。他にもたくさんの教えがありますが、それはまた、次の機会に（笑）。

あとがき

数ある書籍の中から、本書を取っていただいたことに心から感謝申し上げます。

私が知るたくさんの昭和から平成にかけての物語を、皆さんはどのように感じてくださったでしょうか。「時代が違う」「バブル時代の夢物語」そんな風に思われたでしょうか。それとも何かのきっかけになり得たでしょうか。

確かに私が見聞きし、体験した世界は、熱く、激しく、楽しく、無骨かもしれません。今よりずっと不便で、回りくどい。現代のようにスマートでスピーディではなかったと思います。

でも、様々なものを手に入れた現代は、人にとって生きにくい時代に突入したかもしれないという寂しさを同時に感じるのです。

スピードが上がって、素晴らしい時代の寵児がたくさん出現した分、複雑で心をどこかに置いてしまわなければ耐えられないような世界に。

それでも、人はそんなに急に変われない。

だから古き良き、そして古き悪しき時代の〝何か〟を現在もまた、少しずつ持ち合わせながら行くのだと思います。便利すぎて〝不便〟な世の中も、心を右足に乗せて一歩踏み出せば、世界はすぐそこに広がっています。あなた自身が足を運び、あなたの目で見て、耳で聞いて、感じてください。

「百聞は一見に如かず」とはよくいったものです。数年前、滅多なことではお店を休まない私ですが、どうしても我慢できず、憧れの街、ニューヨークに飛びました。

ブロードウェイのことは映画や人の話で知ってはいましたが、聞くと見るのとは大違い。実際に行ってみると小さな劇場から大きい劇場まで、色々あって驚きました。

たまたま時間があいて、小さな劇場で行われている、ある無名のミュージカルを鑑賞しました。でも〝無名〟のレベルがぜんぜん違うのです。本当に、すごい。指先、つま先、目の動き……全身全霊をかけて私たち観客に向かって訴えかけてきて、ゾクゾクッと鳥肌が立った感覚は忘れられません。

そして、今、私の最後にして最大の目標は、魅惑の街、ニューヨークに住むこと。祖母が見てきたアメリカを私も垣間見て、祖母と同じように comfortable なアメリカ人との時間を体感しに行こうと心に決めています。

「死ぬまで刺激！　死ぬまで勉強！」これが大事です。

最後に、あなたにお願いがあります。

時には、身の回りのものをすべて手放して、自分をゆっくり見つめる時間を持ってください。そうして本気で英気を養っていただきたいのです。

このまま、忙しい毎日だらけでは、疲弊した覇気のない男性ばかりが増えて、必ず日本は駄目になります。

日本の経済を支えているのは女性などと情報番組や雑誌はうたいます。それでも私は、「男性の力や踏ん張りや活力が経済を支え、女性を美しくし、ひいては日本全体を大きく率いていくのだ」と信じています。

これからの日本を、いいえ、明日の社会の一部を、「俺が」支えてやる、変えてやる！　という、頭角をあらわす男たちの出現を期待してやみません。

藤堂和子

頭角をあらわす男70の流儀

著　者　藤堂和子
発行者　真船美保子
発行所　KKロングセラーズ
東京都新宿区高田馬場2-1-2　〒169-0075
電話（03）3204-5161(代)　振替 00120-7-145737
http://www.kklong.co.jp

印　刷　太陽印刷工業(株)　製　本　(株)難波製本
落丁・乱丁はお取り替えいたします。※定価と発行日はカバーに表示してあります。
ISBN978-4-8454-2320-0　C0070　Printed In Japan 2014